韩国企业家
100人
100言

韩国《亚洲经济》
中国韩国商会　著

首都经济贸易大学出版社
·北京·

Copyright © 2016 by 아주경제
根据한국기업 백인백언翻译
著作权合同登记号
图字 01-2019-5391

图书在版编目（CIP）数据

韩国企业家100人100言/韩国《亚洲经济》，中国韩国商会著．--北京：首都经济贸易大学出版社，2019.11
　ISBN 978-7-5638-2989-7

Ⅰ.①韩… Ⅱ.①韩…②中… Ⅲ.①企业管理—经验—韩国
Ⅳ.①F279.312.63

中国版本图书馆 CIP 数据核字（2019）第 197945 号

韩国企业家100人100言
韩国《亚洲经济》　中国韩国商会　著

责任编辑	王玉荣	
封面设计	傅释墨	
出版发行	首都经济贸易大学出版社	
地　　址	北京市朝阳区红庙（邮编 100026）	
电　　话	（010）65976483　65065761　65071505（传真）	
网　　址	http：//www.sjmcb.com	
E-mail	publish@cueb.edu.cn	
经　　销	全国新华书店	
照　　排	北京砚祥志远激光照排技术有限公司	
印　　刷	北京玺诚印务有限公司	
开　　本	710 毫米×1000 毫米　1/16	
字　　数	457 千字	
印　　张	25.75	
版　　次	2019 年 11 月第 1 版　2019 年 11 月第 1 次印刷	
书　　号	ISBN 978-7-5638-2989-7	
定　　价	128.00 元	

图书印装若有质量问题，本社负责调换
版权所有　侵权必究

祝　词

韩国经济的发展历程是企业家挑战与革新的历程。

韩国CCO（首席沟通官）俱乐部认为，《铸就韩国经济的一句话》是一部以汇聚企业家精神、凝聚社会经济力量为初衷的著作。

希望由中文发行的《韩国企业家100人100言》能成为读者理解韩国经济和企业家的重要著作。与此同时，韩文版的《铸就中国经济的100人100言》也将在韩国发行，希望该书能为韩国读者提供理解中国经济和企业家的良好平台。

衷心感谢亚洲新闻集团郭永吉董事长，以及中国韩国商会会长郑昌和对此书出版发行给予的大力支持。

权五勇
韩国CCO俱乐部副会长
2019年9月

前　言

　　今年是中华人民共和国成立70周年，是值得庆贺的一年。70年前，因长期战乱而疲惫不堪的中国人民携手共进，依靠落后的工业设施建立起新中国，这个国家在过去70年里获得了奇迹般的发展。

　　从中华人民共和国成立初期到1978年，中国平均每年经济增长率仅为4.4%；而改革开放以后直到2018年，中国GDP保持平均每年9.4%的增长率，实现了经济高速增长。

　　2010年，中国国内生产总值（GDP）超越日本，成为世界第二大经济体。2018年，中国的GDP达到13.6万亿美元，占全球经济总产值的15.9%。对此，我向战胜困难并创造奇迹的中国共产党和企业界人士表示敬意！

　　同中国一样，大韩民国在朝鲜战争以后没落为世界最贫穷的国家之一，在企业和国民的携手努力下，如今韩国已经成为经济发展位居全球前列的国家。

　　韩国经济重建从20世纪60年代起步，1965—2005年保持着平均每年8.6%的经济增长率。世界将中国和韩国经济取得的辉煌成绩分别称为"黄河奇迹"与"汉江奇迹"。冷战结束后，韩中两国于1992年正式建交，成为亲密友邦。

韩国企业家 100 人 100 言

2017 年，两国建交 25 周年之际，双边贸易规模达到 2 100 亿美元，是建交初期的 33 倍，人员交流达到 1 000 万人次，是建交当初的 100 倍。这离不开两国企业为双边经济合作发展做出的不懈努力。

韩中企业家肩负发展国家经济之使命，奋力开拓进取。正如韩国龙头企业三星集团创始人所言，"没有国家就没有三星""企业为国家贡献力量超过义务和献身范畴，是我人生全部"。韩国企业家以"事业报国"为信条，中国企业家以"产业报国"为经营理念。

产业涉及汽车、造船和建筑等领域的现代集团创始人郑周永曾说过："有试炼就没有失败。"这句话也是他自传的题目。正是这种永不退缩的试炼，使韩中两国经济在世界舞台上大放光彩。

《韩国企业家 100 人 100 言》汇聚半个世纪以来引领韩国经济的企业家的经营哲学，为两国企业发展提供灵感。希望本书的出版能为全球经济低迷之下仍砥砺前行的企业家们带来前进的勇气！

郭永吉
亚洲新闻集团董事长
2019 年 9 月

目 录

1	李秉喆	国家是三星之本 …………………… 7
2	郑周永	你试过吗 ……………………………… 11
3	崔钟建	应将不可能变为可能 ……………… 15
4	具仁会	信任他人应交付所有 ……………… 19
5	金宇中	世界很大，可为之事很多 ………… 23
6	朴泰俊	我们一起向右转 …………………… 27
7	赵重勋	事业是门艺术 ……………………… 31
8	赵洪济	积财万千不如薄技在身 …………… 35
9	金钟喜	如火药一样真实和正直 …………… 39
10	朴斗秉	一次好的失败胜过别扭的成功 …… 43
11	朴仁天	正直、勤勉、诚实才是正路 ……… 47
12	李源万	要做就做"上之上" ………………… 51
13	具平会	应具备国际眼光，拥有治国之才 … 55
14	金容完	企业再大终为国效劳 ……………… 59
15	郑仁永	跌倒了就重新站起来 ……………… 63
16	具滋暻	要在顾客身上找答案 ……………… 67
17	崔钟贤	机会不能只用钱来计算 …………… 71
18	张英信	忍耐成就了现在的我 ……………… 75

19	尹锡金	积极精神创造杰作	79
20	李健熙	以质取胜才是生存之道	83
21	郑梦九	品质是我们的尊严和企业存在的理由	87
22	具本茂	龙头企业应是百年之计	91
23	孙吉丞	边行动边思考,边思考边行动	95
24	许东秀	原油可进口,石油须出口	99
25	赵锡来	企业监察从我做起	103
26	赵亮镐	在体制内自我突破,利用体制突破自我	107
27	许昌秀	应成为值得尊敬的企业	111
28	朴三求	企业存在的理由是提高人民生活质量	115
29	金升渊	必死则生,必生则死	119
30	朴容晚	企业变革没有标准答案	123
31	玄贞恩	请每日"KISS"	127
32	崔泰源	个体与整体	131
33	金俊起	我为成功而挑战	135
34	具泰会	收起贪心,顺其自然	139
35	赵洋来	成功的秘诀就是员工万众一心	143
36	郑梦进	坚决不碰未知领域	147
37	李在镕	再改变一次吧	151
38	郑义宣	安于现状并非现代汽车精神	155
39	赵东吉	内部稳定为上策	159
40	郑寿昌	人才即是财产	163

目　录

41	姜丙中	善于判断产业成败而非仅立足于公司 …	167
42	蔡亨硕	拥有忍受黑暗漫长隧道时光的持久力才能成功 ……………………………………	171
43	文奎荣	挑战后的失败也是种幸福 ……………	175
44	具滋烈	做一个色彩分明的领导人 ……………	179
45	具光谟	继承和发展前任董事长的经营理念 ……	183
46	具本俊	越困难越应相信内部力量 ……………	187
47	崔信源	领导力中,谁先插上旗帜很重要 ………	191
48	张相泰	投资个人的热情 ………………………	195
49	崔正友	以共同发展为理念 ……………………	199
50	李东灿	人靠衣裳马靠鞍 ………………………	203
51	徐成焕	创造美丽,造福人类 …………………	207
52	柳一韩	企业真正的所有者是社会 ……………	211
53	李洋球	人拥有综合协调一切的能力 …………	215
54	郑在远	有志者事竟成 …………………………	219
55	姜信浩	新药开发是拯救生命的善事 …………	223
56	许永燮	微尘应该在这片土地上积累起来 ……	227
57	成耆鹤	有夕阳企业,但是没有夕阳产业 ……	231
58	尹东汉	走得久才是走得最快的 ………………	235
59	姜太善	自寻出路而不埋怨环境 ………………	239
60	南相水	我是永远的推销员 ……………………	243
61	崔炳五	永远领先半步 …………………………	247

韩国企业家 100人 100言

62	许英寅	百年企业意味着好口碑	251
63	金在哲	透过倒立的地图看韩国人的未来	255
64	林大洪	吾道一以贯之	259
65	李吉女	我的经营哲学是先去私心	263
66	李在贤	文化是我们的未来	267
67	徐庆培	最佳产品的诞生基于员工的幸福感	271
68	金弘国	三思而后行	275
69	徐廷珍	所有事情由我做主	279
70	尹润洙	充满生命力的战略是经历的衍生品	283
71	朴圣秀	独乐乐不如众乐乐	287
72	朴敬福	对外虚张声势是企业最大的不道德	291
73	金圣珠	搞活公司的秘诀是正直	295
74	郑志宣	有差异才能发展	299
75	郑溶镇	成为能馈赠文化和艺术的公司	303
76	李富真	成是各位的功劳，败是我的错误	307
77	尹泳达	点心也可以成为艺术	311
78	林盛基	没有危机感将难以开拓新市场	315
79	孙京植	CEO应当成为战略家	319
80	辛春浩	我为国民制作方便面	323
81	咸泰浩	关注带来变化	327
82	郑有庆	能想象到的就不算新鲜的	331
83	李钟根	锥子要用头扎	335

84	李叙显	应该比现在的速度快10倍 ⋯⋯⋯⋯⋯⋯⋯	339
85	金　鉎	为了自己而积累实力 ⋯⋯⋯⋯⋯⋯⋯⋯	343
86	洪锡肇	要不断变化才能生存下来 ⋯⋯⋯⋯⋯⋯	347
87	李海珍	数百次的失败尝试造就成果 ⋯⋯⋯⋯⋯	351
88	金泽辰	忘情挑战方能成就定局 ⋯⋯⋯⋯⋯⋯⋯	355
89	金范洙	已有的知识是革新的绊脚石 ⋯⋯⋯⋯⋯	359
90	黄昌圭	如果想称赞我,请不要进入我的办公室 ⋯	363
91	金正宙	和才华相比,我更看重人品 ⋯⋯⋯⋯⋯	367
92	房俊赫	所有事业需聚焦全球市场 ⋯⋯⋯⋯⋯⋯	371
93	金亨珍	立即做,一定做,做到成功为止 ⋯⋯⋯⋯	375
94	张平顺	99℃的水和100℃的水是不一样的 ⋯⋯⋯	379
95	慎镛虎	繁忙的人生是幸福的 ⋯⋯⋯⋯⋯⋯⋯⋯	383
96	丁太暎	创新的人追求不完美的创造, 完美的人无法创造新的东西 ⋯⋯⋯⋯⋯	387
97	郑世永	我的车不会停下 ⋯⋯⋯⋯⋯⋯⋯⋯⋯⋯	391
98	李载浚	竞争力源于市场竞争 ⋯⋯⋯⋯⋯⋯⋯⋯	395
99	郑梦奎	全力打造一家顶级公司 ⋯⋯⋯⋯⋯⋯⋯	399
100	许明秀	技术无法独立即沦为"三明治" ⋯⋯⋯⋯	403

韩国企业家 100人
100言

李秉喆

三星创始人

1

国家是三星之本

——李秉喆

三星集团创始人李秉喆（号湖岩）自1945年8月15日韩国解放后，迎来了心灵上的变化。

湖岩在韩国解放前凭借十余年的从商经验，积累了丰富的经营知识。在这期间，他完全忘记了从商也有底线、企业家也有社会责任这一点，仅仅被积累财富的乐趣牵引着。但是韩国解放后，他目睹千疮百孔的国家，切实地感受到：解决民生问题必须建立起经济秩序的框架，而为了保障正常的经济活动，前提是要确保政治社会的稳定。

在解放的第二年，随视察团访问日本的湖岩受到了巨大的冲击。在日本停留的2个月内，他看到战败后的日本社会的崩溃景象完全超出想象：所有工厂都停转，高层建筑一幢都未能保存下来，光天化日之下妓女公然在东京市中心揽客，社会道德几乎完全沦丧。

湖岩感受到：国家是社会发展的根本，只有国家强大了，社会中的一切才能得到好的发展。所以，他认为无论是做贸易还是建工厂，只要对国家有帮助，就会对自己的事业有帮助。真正的企业家应该以长远的眼光来看待企业，为国家财富的积累做出贡献，这才是真正的企业家精神。

自此，曾经聚焦于贸易业的湖岩开始扩大业务范围，进入了砂糖、布料、肥料、电气电子、石油化学、造船、军工、半导体、银行、证券、医院、百货商场等广泛的领域。在开展新业务前，他首先考虑的是该业务是否符合"商业报国"这一理念。

湖岩认为，没有国家，三星也无法生存，他的经营理念建立在"人应行之道"的道义论基础上。他说："通过经商为国家出力已经不再是义务或献身，而是我的人生本身和快乐。"

湖岩的书法老师郑夏建（号松泉）在2014年发行的自传《笔墨道程》中也提道："湖岩要我给他写'经济爱国''经济报国''经济立国'的范本，然后临摹出了他自己的风格。"由此不难看出，国家对湖岩来说是根本性的存在。

在很多企业因内外因素而经历大起大落之时，三星却能在企业界屹立不倒，这不能不说是湖岩"着眼大局、着手小局"的经营原则的成功。

"着眼大局、着手小局"是围棋用语,意为能够破解大局,才能走好每一小步。湖岩在深厚的爱国心和国家观念上高瞻远瞩,慎重而又大胆地推进业务。他的最后一次挑战——半导体业务最终成为三星集团甚至整个韩国经济的坚实支柱。

韩国企业家 100人
100言

郑周永

现代集团创始人

2

你试过吗

——郑周永

  1983年年底，在韩国忠清南道瑞山市进行大规模围海造田工程的现代集团下的旗舰企业——现代建设面临巨大难题。总长度为6 400米的大堤，中间有一个长约270米的合龙口，在湍急的水流中进行合龙作业，不是一件容易的事情。与壬辰倭乱期间李舜臣将军指挥"鸣梁海战"击败倭寇不同，鸣梁海域一带水域流速仅为6.5米/秒，而此处流速却高达每秒8.2米/秒，为解决这一难题，现代集团动员所有员工想办法，大家绞尽脑汁却还是没有头绪。用15吨甚至30吨重的载重汽车往合龙处投放巨型石块，巨石会被水瞬间冲走。现代建设用上了可以想到的各种办法，但即使扔一辆汽车下去，也会被大水冲得无影无踪。

  现代集团创始人——被誉为"现代之父"的前峨山集团会长郑周永亲自来到施工现场指挥作战。看到这一情况，他灵机一动，想到了现代蔚山造船厂花30亿韩元购买的油槽船。郑周永想，能否用这艘油槽船把水流挡住，再向合龙处投放石块呢？

  按照郑周永的指示，现代建设将宽45米、高27米、长32米的大型油槽船安全平稳地放入合龙处，成功挡住了急流。此举将现代建设填海造田工程周期缩短了3年，工程费用缩减了290多亿韩元，围海造田产生的新面积增大到首尔汝矣岛的33倍，并改变了韩国的整体地形。

这一"郑氏施工法"受到全球瞩目，但对于干农活长大的郑周永来说，这并不算是什么新鲜事，不过是将农活技术运用到筑坝工程中而已。

郑周永常常问别人："你试过吗？没有尝试就不要无谓苦恼，别浪费时间和金钱，想到就去做吧！"

据说郑周永反复提及的一句话就是："你试过吗？"无论是在现代汽车、现代重工蔚山造船厂，还是在沙特朱拜勒产业港的建筑一线，还未动手尝试便心生畏惧的现代职工几乎都从郑周永的口中听到过这句责问。

在进军新的事业领域时，比起最终取得成功，郑周永更加看重"为什么要做这件事"，即做这件事的动机。"你试过吗？"这句话最能准确地反映出他的企业家精神，包含着挑战、创意、改革和实践，以及不给自己能力设限的不屈服的挑战精神。

郑周永本人十分忌讳"固定观念",他曾多次说道:"只会照搬常识,固守于旧观念的人不会有创意,我相信只有坚强的意志,才会发挥无穷的潜力和创意,这正是我们这个民族进步的源泉所在。"

韩国企业家 100人 100言

崔钟建

SK 集团创始人

3

应将不可能变为可能

——崔钟建

SK集团创始人崔钟建（号湛然）从韩国京城职业学校机械专业毕业后，于1944年4月在鲜京纺织工厂获得了人生第一份工作。而位于水原市坪洞4号的鲜京纺织工厂则是SK集团的前身。

湛然于1953年8月成功收购因朝鲜战争而被摧毁几乎变成废墟的鲜京纺织工厂。当时因资金严重不足，无法购买全新的织布机，湛然便亲自动手将可用的零件重新组合，将无用的废铁转卖。当时职工们都对工厂能否重建持怀疑态度，湛然便经常鼓励职工，并强调："哪有干不成的事情，应该寻求方法，将不可能变为可能。"

在收购工厂前，湛然便在脑海中规划出要建设韩国第一纺织品工厂的宏伟蓝图，并将新产品开发视为制胜法宝。

朝鲜战争后的韩国一片狼藉，为国民提供物美价廉的生活必需品成为当务之急，这也成为湛然毅然决定重建工厂、开发新产品的主要原因。

新产品中，尼龙算是最具代表性的产品之一。朝鲜战争打响后，美军登陆釜山港，同时也将尼龙带入韩国。虽然尼龙备受追捧，但以韩国当时的技术水平还无法生产，因此湛然下定决心开发尼龙。

然而开发尼龙的过程并不顺利，经历过无数次的失败后，研发部门无奈表示想要放弃，但湛然强调："哪有干不成的事情，应将不可能变为可能。"之后湛然亲自从日本获取生产经验，韩国尼龙因此诞生。

湛然一直是业内公认的"拥有超强执行力、奋勇直前的实业家"，这一点从他招贤纳士方面便可见一斑。只要是需要的人才，即便三顾茅庐，他也一定要对方将纳入麾下。

由于公司规模逐渐扩大，湛然开始物色管理人才，最终决定聘请纺织界有丰富从业经验的专家。但是当时的鲜京纺织工厂只不过是一家小公司，很难笼络到大公司的人才。但湛然并没有就此放弃，前后三次亲自拜访，表示出最大的诚意，最终感动了对方，为企业增添了一员大将。湛然在逆境中不轻易放弃、将不可能变为可能的信念让他立于不败之地。

尚未开始便期待结果是贪心，从未努力便畏惧失败是胆小。

凭借"哪有干不成的事情，应将不可能变为可能"的精神和执行力，湛然不惧任何困难和挑战；也正是他的这种精神，为SK集团迅速发展为韩国第三大企业汇聚了源源不绝的力量。

韩国企业家 100人
100言

具仁会

LG 集团创始人

4

信任他人应交付所有

——具仁会

在20世纪60年代初,金星社(LG电子前身)刚刚开始研发洗衣机。

刚从曼谷出差回来的乐喜化学(LG化学前身)常务许慎九在经营团队前难掩心中喜悦之情,他激动地说:"撒粉后出现很多泡沫,污渍也没了,十分干净。听说这个产品叫合成洗衣粉,我们也得马上开发。"

但当时高层的第一反应却是怀疑:"若生产那个(指洗衣粉),苦心研发的洗衣皂卖不出去怎么办?"在韩国,当时衣物主要以手洗为主,洗衣皂在市场上占绝对优势。许慎九的发言没有让所有人都赞同,甚至在支持与反对的高层中引起了一番争论。

默默关注这一切的LG集团创始人具仁会(号莲庵)某一天召集了高层会议。会上,具仁会表示支持许慎九,并向反对的高层说:"如此坚持己见的人定会有他的主意。就按许常务说的试一试吧。"

于是,乐喜化学开始投入力量研发合成洗衣粉。虽然业界传出竞争公司已开始研发合成洗衣粉的消息,但具仁会毫不动摇,并于1966年在京畿道安养建立了首个合成洗衣粉工厂,抢在竞争公司之前推出了"Hi-ti"洗衣粉。

然而,由于当时的消费者是首次接触"洗衣粉"这一概念,该产品并不如期待般畅销。从春季出货直至冬季,市场反应始终平淡。公司每个月的广告费支出入高达3 000万韩元,却无多大效果。为防止损失进一步扩大,在只能宣布停产的情况下,许慎九却主张投入更多的广告费用。此时的具仁会同样支持许慎九的想法。之后,许慎九大举在报纸、广播、电视等平台投入产品广告,还和营业员一同在现场亲自演示如何使用该产品。功夫不负有心人,没过多久,"Hi-ti"洗衣粉开始畅销,并由此成为韩国粉状洗涤剂的代表产品。

对于"Hi-ti"洗衣粉的成功之道,具仁会表示成功的不是"产品",而是"人",他说:"信任他人就应交付所有。有了责任,就会尽全力。人只要有这股热情,就应该加以培养。"

具仁会决定开展电子产业也源于乐喜化学室长尹旭贤的一个爱好。尹旭贤是一个留声机爱好者,时常彻夜鼓捣留声机而难以

入睡。听闻该事的具仁会便下指示，宣布开发留声机，为当下覆盖电视、空调、手机等家电甚至是尖端电子产品的电子产业奠定了基础。

LG集团"尊重他人""团结和睦"的经营理念，反映了具仁会给予他人高度信任的哲学理念，至今LG集团依然保持这一传统理念。

韩国企业家 100人 100言

金宇中

大宇集团创始人

5

世界很大，可为之事很多

———金宇中

1967年5月1日，大韩航运的货船天使航驶离了釜山港。驶往泰国的这艘船上载有 Sia Huat L. P. 公司订购的5.5万码尼龙针织平布，总价值1.43万美元。出口这批面料的是一家名为大宇实业的新生企业，包括社长在内共有8名职员，资本金仅为500万韩元。但令人惊讶的是，大宇实业成立不过2个月，已经获得了30万美元的订单。

这一故事中的主人公是大宇集团创始人、青年时期的金宇中。大学毕业后，刚刚步入而立之年的金宇中就进入汉城（现称首尔）实业工作，掌握了贸易业务之后创立了大宇实业，亲自负责海外业务经营。

当时在东南亚市场，被称为"平布金"的金宇中仅依靠这一种产品便实现了一年58万美元的出口业绩，占到了当年韩国总体出口额的11.2%。大宇实业也在1972年发展成为韩国第二大出口企业，并在1974年和三星、双龙等被指定为韩国第一批综合贸易商社，1978年登上出口额第一的宝座。

金宇中创业仅11年便带领企业实现韩国出口额第一的秘诀是"世界"，即"全球"。他强调说："大宇在刚起步时便将视线转向了海外。当时社会上普遍都认为'出口会赔本'。在这种氛围下,我们非常大胆地开始开拓海外市场。我们勇敢地挑战了别人都说不行的事,并且获得了成功,这证明了到目前为止没做成的事情是因为'没有去做'和'没有愿意站出来挑战的人'。"

金宇中还凭借扎实的金融知识,成功收购并救活了韩国机械工业、玉浦造船、新韩汽车等亏损企业,这其中的秘诀也在于"出口"和"开拓海外市场"。

进入20世纪90年代,世界政局发生了巨变,金宇中正式展开"全球经营"。他抢占先机进入发展中国家和转型国家,收购当地企业并获得了成功。

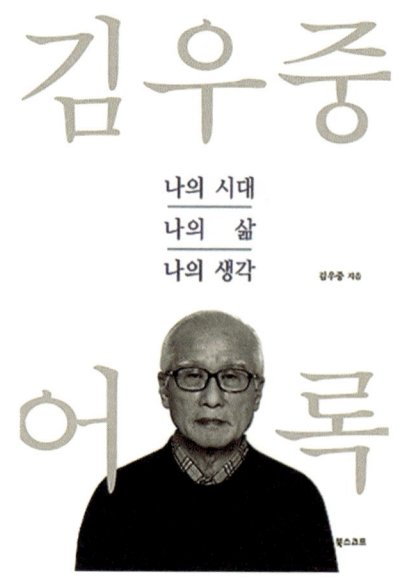

金宇中很喜欢年轻人,他现在正帮助因就业困难而陷入困境的年轻人进入海外市场,他总是强调,"世界很大,可为之事很

多",他认为"应该勇于去谁都不愿去的地方,去做谁都不愿做的事。历史是因为那些人的脚步而一点点向前的……那些人,我们称之为开拓者"。

韩国企业家 100人 100言

朴泰俊

浦项集团创始人

6

我们一起向右转

——朴泰俊

"赌上性命，失败的话我们一起走出办公室向右转，跳入东海吧！绝对不能失败！"被称为韩国"钢铁王"的浦项集团创始人朴泰俊（号青岩）的"向右转精神"被当作传说流传至今。

在经历了朝鲜战争的洗礼后，韩国政府开始大力兴建钢铁厂，曾担任大韩重石社长的朴泰俊临危受命，被当时的总统朴正熙任命为政府综合制铁所负责人，负责建立钢铁厂。1968年4月1日，朴泰俊与38名同事一起，成立浦项集团并出任社长。

炼铁厂在浦项购入250万平方米的土地作为工厂用地，原先居住于此的居民搬迁后，钢铁厂工程便启动了，但当时仍有1亿美元的资金缺口。

1966年，由来自4个国家的7家钢铁企业组成大韩国际炼铁借款团（KISA），但借款团以在韩国不可能发展钢铁事业为由拒绝为其出资。

眼看着大力发展了十几年的钢铁独立运动即将化为泡影，朴泰俊的想法是："绝对不能失败！"在不得已的情况下，朴泰俊决定动用日本赠款资金（第二次世界大战日本投降后因在朝鲜半岛实行过近四十年的殖民统治而负担的有赠款义务的资金）。1970年4月1日，浦项综合钢铁厂宣布开工，1973年6月9日，第一座高炉开始投入生产。

朴泰俊的"向右转"与"制铁报国"一起构成浦项精神。他曾多次对手下说："浦项是用先辈的'血债'建立起来的，如果失败的话，我们是对先辈犯错，必须赌上性命全力以赴。"

在浦项精神的感召下，1993年10月2日，浦项集团在成立25周年之际，构建起年钢铁产量2 100万吨/年的生产体系，大大超过了19世纪后期美国"钢铁大王"安德鲁·卡内基创下的纪录，朴泰俊也因此被称为"韩国钢铁王"和"韩国卡内基"。

一度反对韩国发展钢铁事业的国际金融机构负责人在看到浦项取得的成功后表示:"韩国的判断是正确的,我们不知道韩国有朴泰俊这么一位伟大的企业家。"

韩国企业家 100人
100言

赵重勋

韩进集团创始人

7

事业是门艺术

——赵重勋

"在越南辛辛苦苦赚的钱不能白花到无底洞中。大韩航空公社（大韩航空前身）总部持有的飞机共有8架，除了DC-9喷气式飞机外，大部分使用的是已到期的螺旋桨飞机。光负债就高达27亿韩元。毫无理由去接受一家没有希望的航空公司。"

20世纪60年代末，韩国国企大韩航空公社亏损严重，面临倒闭，政府几次三番请求韩进集团创始人赵重勋收购该公司。上面是赵重勋（号静石）从青瓦台回到公司后，召集公司高层说的一番话，高层亦一致强烈反对收购大韩航空公社。

实际上赵重勋也对此事感到不快。韩进集团从1966年起参与越南战争并不断获取外汇。另外，1968年京仁高速道路和京釜高速道路部分路段开通后，韩进集团高速运输事业开始迎来春天。

在这种情况下，收购赤字缠身的大韩航空公社将会拖累韩进集团的经营业绩。但时任韩国总统朴正熙最后一番请求让赵重勋动容："代表国家的飞机无论飞到哪儿都能展现出那个国家的国力。我希望能坐着自己国家的飞机去海外看一看。"经过深思熟虑后，赵重勋对高层这样说道："预知到结果才开展的事

韩国企业家 100人 100言

业，只考虑利益而不择手段的事业，都不是一番真正意义上的事业。带着服务大众的想法，不畏艰难险阻去发展事业，才是一家企业真正的意义所在。"这番话让高层心服口服。

韩进集团在1969年收购了大韩航空公社。赵重勋常用"输在起跑线上，相信日后会东山再起"这样的话来鼓励员工。1945年，25岁的赵重勋成立了仅有一辆卡车的韩进商社，5年后，商社发展成为货物运输中坚企业。但后来又因朝鲜战争爆发，赵重勋变得一无所有。之后，他利用积累的信用与经验再次站起来，虽然艰难，但他仍有自信让公司起死回生。

于是，1969年收购大韩航空公社后，赵重勋开始了漫长而艰辛的经营之路。冷战体制以及与朝鲜的冲突等众多不可预测的因素成了大韩航空公社开辟航线的难题。赵重勋并不屈服于此，开始选择一些其他航空公司避开的地方作为航线开辟的起点，经过20多年的努力，终于将大韩航空打造为国际知名航空公司。

7 事业是门艺术——赵重勋

  1977年成立的韩进海运，经历过1979年第二次石油危机，当时海运市场萎靡不振，在挺过难关后，1995年创下1.9万亿韩元的销售额，发展成为韩国第一大造船商。

  赵重勋的经营哲学用一句话概括就是："事业是门艺术。"对他来说，事业与艺术作品别无二致。构思事业规划的时候，就像画家描底画一样，搜集需要的资料后小心上色。正如艺术家为追求最棒的作品而发挥匠人精神，他也全身心投入到事业中，精神饱满，斗志昂扬。

  企业对企业家来说就像是艺术作品。不要模仿别人，只需要投入自己的灵魂。企业家只要有创意和点子，并努力奋斗，就能推动企业的发展。就像艺术创作中的"未完成"概念一样，事业就是持续努力以获成功的过程。

韩国企业家 100人
100言

赵洪济

晓星集团创始人

8

积财万千不如薄技在身

——赵洪济

"建立研究所吧。虽然现在是因为没有产品而不能卖，但是在未来，品质不好的产品将卖不出去。为了迎接这种变化，必须建立研究所，扎实地准备，这是企业可以长久生存的唯一道路。"

晓星集团创始人赵洪济（号晚愚）从1950年起便考察了多个发达工业国家大企业的工厂，早早地认识到了技术的重要性。发达工业国家的技术处于优越地位，而在这些发达工业国家中能够持续发展的公司都拥有出色的技术开发能力，并拥有独立的研究所和为研究所提供支持的试验工厂。

德国炫目的发展尤其令赵洪济感触深刻，他确信发展的秘诀就是技术，并下定决心设立研究所。

赵洪济1962年建立了晓星物产，开始了独立的事业。他为扩张公司规模不断忙碌，但内心始终抱有建立研究所的梦想。1971年1月，拥有15名技术人员的韩国最早的民间企业研究所——东洋尼龙技术研究所（现晓星技术院）正式在安养工厂区内一座由2层单独建筑改造的研究楼内成立。

对当时的企业来说，建立研究所是一个非常困难的决定。与投入到产品开发或技术开发中的庞大费用相比，实际研究开发成果商业化的成功概率非常低。对此,第一任所长安泰玩也曾这样提醒过赵洪济。

但是,赵洪济却回答说:"把投资研究所当成企业兴盛的保险就可以了。保险是什么?不生病、不发生事故,健康保险和汽车保险不是都没有用吗?但是不能就因此不上保险,总会有用上的时候。企业如果不进行研究开发,倒闭是很自然的事,我们一定要等到那个时候吗?"

制造业最重要的就是核心技术,以核心技术为中心铺展业务是技术的积累,也就是企业的财产。运用核心技术能够持续创造出新产品,并开发新市场,主导原有市场。赵洪济希望把晓星集团建设成为以技术为中心的企业。

事实证明,建立技术研究所是一个正确的选择。韩国经济在极短的时间内快速发展,原本提供技术的发达工业国家企业开始拒绝向韩国提供技术。在大部分国有企业因技术引进失败而饱尝苦果的时候,晓星集团开发出了自身的技术,并渡过了危机。

1978年11月,政府出面劝告企业建立研究所,晓星集团成为范本。

赵洪济对于技术的理念从建立于1976年的东洋未来大学的校训中可见一斑:积财万千不如薄技在身。晓星集团延续了赵洪济的理念,依靠自身技术开发出氨纶、轮胎帘布等全球销量第一的产品。

韩国企业家 100人 100言

金钟喜

韩华集团创始人

9

如火药一样真实和正直

——金钟喜

"火药是真实的,因为它在特定的场所和时间里一定会爆炸。因此从事火药制造业的管理人员、技术人员等全部都要如火药一样真实和正直。而作为火药制造企业的领导,则必须将人性放在首位。"韩华集团创始人金钟喜(号玄严)的经营哲学可以总结为这段话。

金钟喜与火药结下不解之缘要追溯到日本统治韩国末期,一贫如洗的金钟喜当时刚从京畿道商业学校毕业,进入日本人经营的朝鲜火药企业工作。对火药一无所知的他渐渐明白了火药不仅仅用在制枪或大炮中,还有着其他极其重要的商业价值。他开始对火药产生极大兴趣,并决定将毕生精力奉献给这一事业。

朝鲜战争后,国家百废待兴,同时也蕴藏着无数商机。化工品、肥料、白糖、药品等生活必需品大量不足,诞生了一大批投机取巧、从海外进口产品倒卖给韩国人的企业家。对此,金钟喜却大为不满:"进口白糖、油漆的话,利润能达到几十倍,但我还是选择进口火药,我是吃松叶长大的松毛虫,做火药的怎么能进口白糖?白糖再好吃,我也会一直吃松叶!"

金钟喜对火药的执着来自"祖国现代化的基础是基础主干产

业，应优先发展基础主干产业"的认识。朝鲜战争时期，金钟喜奔走于首尔西大门区弘济洞一带的弹药库，守住了3 000户卖炸药的商家。

战争结束后进行的火药公审中，金钟喜要求肆意妄为的美国顾问将火药的价格维持在韩国解放前，最终以每笔交易30分①的低价普及了火药，这一价格甚至低于当时关东糖的价格。1955年，金钟喜将当时的仁川火药工厂进行修缮后，正式开展火药事业，经过无数次的研究和试验，金钟喜终于建起韩国首家火药生产工厂，并因此被称为"韩国的诺贝尔""炸药金"等。

金钟喜毕生追求的经营精神可以归纳为"正直与责任"。1977年，一辆载有韩国产火药的火车在前往光州的途中，在裡里站（现益山站）发生爆炸，造成1 400多人受伤，财产损失达61

---

① 10分韩元＝1元韩元，韩国现已废除使用"分"，不再将其作为货币单位。

9 如火药一样真实和正直——金钟喜

亿韩元。韩华集团遭遇成立以来的最大危机，金钟喜第一时间投入大量抢险人员，同时发表道歉信表示自己会负起全责，并捐出自己90亿韩元的全部个人财产作为事故补偿金。

正是这种勇于承认错误、承担责任的精神，促使韩华集团浴火重生，并一跃成为韩国十大财团之一。

韩国企业家 100人
100言

朴斗秉

斗山董事长

10

一次好的失败胜过别扭的成功
——朴斗秉

"越是企业家,越不应该因财失义。正当谋利,良心消费。"斗山集团首任董事长朴斗秉(号连岗)生前爱说这样一句古话,"天时不如地利,地利不如人和。"

斗山集团是韩国最长寿的企业,前身为已故公司创始人朴承稷(号梅轩)1896年在首尔钟路4街莲池洞附近开的一家名为"朴承稷商店"的布庄,2016年已迎来第120个年头。

1910年出生的朴斗秉,1936年继承其父朴承稷的事业,接手"朴承稷商店",为斗山集团的建立打下了根基。朴斗秉树立了以人为本的经营哲学,强调"关爱第一""企业的未来在于人",注重合理经营与员工福利。一句"人就是未来",成为斗山集团至今以来的经营理念。

1946年朴斗秉将"朴承稷商店"改名为"斗山商会",将事业范围扩大至贸易业。1952年,朝鲜战争爆发时期,朴斗秉收购了自己曾任职经理的日本昭和麒麟啤酒,建立了东洋啤酒(现在的"OB"啤酒),开拓了韩国的饮料产业市场。

朴斗秉在1953年成立斗山产业,之后于1960年成立东山土建社(现在的斗山建设),1967年成立润韩工业社。1968年收购

韩国企业家 100人 100言

韩国瓶琉璃等公司后，集团业务扩展到饮料、建筑、机械制造等多个行业，逐渐形成了近代经营体系。其中，东山土建社、润韩工业社和韩国瓶琉璃标志着向来以消费材料生产为主的斗山集团，将事业范围转向重工业。这也说明斗山集团的产业结构改革从朴斗秉时期就已开始。

朴斗秉还曾于1969年在韩国经济史上创建首个"专业经营者体制"，将自己的事业交付给郑寿昌（已故）。

朴斗秉从饮料经营开始起步，将事业扩大到消费材料、贸易、建设等领域，共创办13家公司，将初始创收足足提升了349倍。但他在企业经营之道上始终不依靠走捷径。

"我认为一次不错的失败经历，要比一次别扭的成功来得强。一次好的尝试即使失败了，也只是暂时失去了一个机会，而别扭的成功反倒可能会失去更多机会。"朴斗秉生前常说，"一次重要的选择能起到指南针的作用。"

朴斗秉从1967年起至1973年离世期间，曾任大韩工商会议

10 一次好的失败胜过别扭的成功——朴斗秉

所会长一职，为韩国经济的发展做出巨大贡献。大韩工商会议所是韩国国内最大的经济团体，代表包括首尔工商会议所在内的全国71个工商会议所，会员企业多达14万个，覆盖大中小不同企业。

朴斗秉在世的时候，未曾利用职权为集团谋取利益。受时任韩国总统朴正熙的请求，朴斗秉曾担任外资引进审议委员，并在招商引资上取得成功。当时朴正熙劝斗山集团动用外资，但朴斗秉对此表示婉拒，并告知了自己的想法："利益建立在道义的基础上时是正当的，而背弃道义的才能、知识与发明都不会长久。"

韩国企业家 100人
100言

朴仁天

锦湖韩亚集团创始人

11

正直、勤勉、诚实才是正路
——朴仁天

"正直、勤勉、诚实才是正路。经营公司的人应该对自己的事业勤勉诚实，绝对不可撒谎，尤其是要遵守与顾客之间的约定。"这是锦湖韩亚集团创始人朴仁天（号锦湖）的至理名言。

锦湖在29岁时依靠自学通过了公务员考试，但在1945年韩国解放前却辞去了公务员的工作，为掀开人生第二次的帷幕做准备。

1946年锦湖购买了两辆出租车，投入到运输事业中，那一年他46岁。在那个时代，进入不惑之年的人往往已被视为老人，大部分会离开工作岗位，过起闲云野鹤般的生活，但锦湖却不走寻常路，选择直面挑战。锦湖曾表示，"当时交通非常不方便，在光州甚至没有一辆像样的出租车"，一语道出了他选择交通业的原因。

受日本殖民统治的影响，当时在朝鲜半岛有很多人使用日语，但锦湖却无法容忍自己的家人和子女说日本话。锦湖的夫人曾回忆道："会长（锦湖）坚决不允许孩子使用日文，也不让他们穿木屐，他有一颗炙热的爱国之心。"他在结束官场生涯后，投身新事业的主要原因也是想要国家富强、民族昌盛。

受经济状况不佳以及朝鲜战争的影响，锦湖的创业之路布满荆棘，但他却克服了所有的困难，并在半个世纪之后建成了集陆地航空运输、轮胎、建设、休闲、教育文化事业于一体的锦湖韩亚集团。

作为一名企业家，锦湖一心一意扮演好自己的角色，拒绝各种诱惑。锦湖表示："曾经有人劝我搞政治，但我认为企业人就应该好好经营公司，搞政治的应该另有其人。"

此外，锦湖相当执着于地区经济开发，他认为企业并不是靠某一个人运转的，而应该扎根于社会土壤之中。1954年锦湖就任光州工商会议所会长，一干就是25年，为地区的发展做出了巨大的贡献。

主要从事路上运输的锦湖在改善铁道方面建立了不少功绩，先后解决了湖南线双线、湖南线特快列车扩建增编等问题，为整个全罗南道的发展立下了汗马功劳。

11 正直、勤勉、诚实才是正路——朴仁天

锦湖善于挑战看似不可能的全新领域，当然并非所有的挑战都能以成功告终。但"执念""正直""勤勉""诚实"这四个词却常常能让他战胜困难，变不可能为可能，立于不败之地。

韩国企业家 100人 100言

李源万

可隆集团创始人

12

要做就做"上之上"

——李源万

"我要让同胞们穿上我做的衣服,让妇女们从洗衣服的辛苦劳动中解放出来,让她们生活得更加舒心。"1963 年,在韩国首家尼龙布料工厂的竣工仪式上,可隆(Kolon)集团创始人李源万(号五云)说了这样一番话:"今天,我建设了韩国第一家尼龙布料工厂,有句话说得好'衣服犹如人的翅膀',只有我们穿得体面,才能堂堂正正地屹立于世界民族之林,与其他国家竞争。"

韩国的纤维产业可以说始于尼龙的自主生产。1933 年,不满 30 岁的李源万东渡日本,满怀一腔热情的他仅用了不到两年时间,便成立了朝日工艺株式会社,生产出印有文字广告的工作帽,大获成功。事业获得成功的他第一时间回馈社会,为当时在日本地位较低的同胞们成立经济互助会,为做生意的同胞们给予物质和精神上的帮助。

李源万对于尼龙的执着热爱也始于那时,他认为尼龙像极了钢铁,既结实又有韧性,柔中带刚。

朝鲜战争结束后,李源万回到韩国。1954 年,他的儿子李东灿成立开明商社,开始进口尼龙进行销售。

随着事业规模的一步步扩大,李源万决心开始自主生产尼龙。1957年,他成立了韩国尼龙株式会社;1963年,公司开始自主生产尼龙,开韩国尼龙生产之先河。

李源万认为,若想将纤维产业打造为韩国的出口产业,必须确保原纱价格的低廉,于是他投入涤纶生产,并以此为基础于1973年开始进军轮胎帘布的生产,推出可隆品牌。

李源万担任过第六、第七届韩国国会议员,他秉承企业家精神,一直致力于将韩国打造为出口强国。主张"农工并进"的他于1963年说服当时的总统朴正熙,在首尔九老洞建设出口产业工业园,该工业园于1967年竣工,纤维、塑料、皮革、电子器械等生产企业大举入驻,成为韩国早期出口产业的基地。

李源万的各种事业构想大部分都成为现实,在他的推动下,韩国家家户户都通上了液化气,水泥电线杆也取代了以前的木制电线杆。

李源万的经营哲学可以概括为"水平论",在平均水平之上

12 要做就做"上之上"——李源万

的被称为"上"、平均水平以下的则称之为"下",而李源万则坚持,不能只满足于"上",而要做"上之上"。对个人和国家都有益的事业才能称之为"上之上",对个人和国家有百害而无一利的则为"下之下"。

李源万经常说:"想要成为真正的企业家,必须将国家利益时刻放在心上,要做就做'上之上'的事业。"他大力发展尼龙事业,并最终将纤维产业发展成为韩国的主力出口产业,而这正是"上之上"经营哲学的最好体现。

韩国企业家 100人 100言

具平会

E1 名誉会长

13

应具备国际眼光，拥有治国之才
——具平会

E1 名誉会长具平会（号松岗）是 LG 集团创始人具仁会（号莲庵）的四弟，为集团的创建立下了汗马功劳。具平会精通英语和日语，为 LG 集团拓宽国际事业做出了极大的贡献。

松岗 1951 年从首尔大学政治专业毕业后，立刻接手乐喜化学（现 LG 化学），成为 LG 首位海外特派员。1954 年他搬至纽约高露洁公司附近，深入了解牙膏制作的方法，成功生产出了"幸运牙膏"，掀起韩国牙膏自主生产的新时代。

1965 年时任乐喜化学专务的松岗向莲庵提交了炼油事业进军报告，并于 1967 年与美国加德士合作设立湖南炼油（现 GS 加德士）。

松岗一直致力于壮大公司实力，并成功将事业范围扩张至液化石油气、聚丙烯等领域。1984 年松岗设立了液化石油气进口公司丽水能源（现 E1），为韩国重化工的发展夯实了基础。

松岗还积极参加对外活动，其中最具代表性的事例为"2002 年韩日世界杯"。1994 年韩国政府宣布申办世界杯，鉴于松岗在韩国民众中有一定的威信，且有能力在国际上进行斡旋，因此他被委任为申请委员会会长。

松岗平时的性格虽然安静内敛,但执行能力惊人,做起事来雷厉风行。2002年的世界杯原本由日本单独举办,但松岗最终扭转乾坤,确定由韩日两国共同举办。

1994年松岗就任韩国贸易协会会长,在任期间成功建设了规模达1.2万亿韩元的韩国国际会展中心(COEX)。此后他又担任韩美财界会议的韩方代表,为缓解韩美间的通商摩擦、促进韩美之间的交流做出巨大的贡献。

经常有人向松岗请教成功秘诀和经营哲学,每当这时他便会表示,若没有国际化的眼光,则很难促成大事业。除此之外,还要拥有治国之才,不应只着眼于企业,应该从国家的立场全面进行思考。政府无法做的事情由民间来做,若帮不到政府,至少也不能给政府添麻烦。

虽然松岗做出了无数成绩,但他却把成就看得很淡。2003年

13 应具备国际眼光，拥有治国之才——具平会

LS集团从LG集团中脱离时，松岗毫无留恋地将自己创立的湖南炼油拱手相让。松岗曾经说过，执念太重会使人生变得艰难，只有敢于舍弃才能收获更多。

韩国企业家 100人 100言

金容完

京纺集团

14

企业再大终为国效劳
——金容完

京城纺织株式会社（现在的京纺集团）是韩国在日本殖民时期设立的首个民资企业。1919年"三一运动"爆发后，韩国第二代副总统金性洙（号仁村）辗转全国向各地区富甲募股，共筹备了100万韩元的资金，并于同年成立了京城纺织。当时京城纺织每股仅50韩元，成立宗旨是"亲手制作民族衣料"。

1939年，京纺集团在中国沈阳苏家屯区内设立了"南满纺织株式会社"，成为韩国制造业最早打入海外市场的先例。南满纺织雇员全为韩国人，并在工厂内建立了学校、员工住房、医疗设施等，为员工提供多种生活便利。

虽然成立公司的第一桶金是由金性洙筹备的，但京纺集团真正意义上的创始人是金容完（号东隐）。金容完是金性洙的妹夫，曾在金性洙的公司三养社中工作，1938年开始全面管理京城纺织，1946年成为该公司第四代董事长。

韩国解放后，日本人撤走，技术和人力方面出现缺口，导致京城纺织在韩国国内的工厂运作中断。当时，金容完将南满纺织辞退的员工送到京城纺织旗下工厂，重新启动生产线。

1956年，京城纺织成为韩国第一家上市公司。同年大韩证券交易所开业,韩国股市3月3日正式开市时,朝兴银行、韩国商业银行、大韩海运公社、朝鲜运输等共12家公司首次上市。京城纺织的股票编号是"001"。

金容完的企业运营理念是"先公后私",他平时常说,"企业是社会的公器,企业家办公司不光是为了钱,还要能给予更多人生活的根基,将利润归还社会,并从中感受到意义"。他以此强调企业的社会责任,认为"企业再大终为国效劳"。

金容完对员工非常讲究责任感。朝鲜战争爆发后,企业员工四处逃难,金容完就动员公司经理去避难所给员工发放薪水。

金容完担任过全韩经济人联合会的六任会长,多次代表财界发声,为韩国发展做出了贡献。1972年,正是金容完担任联合会会长的那一年,韩国政府为解决企业出现的持久性资金短缺问题,决定暂时冻结一部分公司的债务,而金容完立马自掏腰包偿还了公司债务以响应政府号召。

金容完采用在南满纺织任职时的经验,鼓励劳资双方分别承

担公司员工一半的医疗费用，并引入员工医疗保险制度等，以最大限度改善员工福利。

金容完于1975年离开经营一线，并将自己所有的股份贡献出来作为公司员工的福利资金。

金容完一直将"安分乐业"作为自己的座右铭，他自始至终以身作则的精神成为韩国财经界的榜样。

韩国企业家 100人
100言

郑仁永

汉拏集团创始人

15

跌倒了就重新站起来

——郑仁永

"不跌倒的人是幸运儿。大多数人都会跌倒,我也跌倒过,只是又站了起来。"

汉拏集团创始人郑仁永(号云谷)的这句话形象地概括了韩国的企业家精神。郑仁永是现代集团创始人郑周永的弟弟,他在现代集团的发展过程中发挥了重要的作用。但是二人对现代集团是否进入中东市场意见不合,1976 年,郑仁永带领现代洋行离开现代集团。

现代洋行建立于 1962 年,是郑仁永实际负责管理的综合机械企业。为了获得国际开发署(AID)的贷款,郑仁永考察了美国波士顿、匹兹堡等地的尖端机械企业,深刻感受到一个国家没有重工业的发展,就不会有经济的发展,于是回国后创建了现代洋行。

1968 年,现代洋行新设了海运事业部,第二年起专注生产汽车零部件,之后又将产品线扩大到冲床零件、供暖装置、发动机散热器等零部件。1971 年,郑仁永与美国一家企业签署了技术合作协议,开始在韩国生产起重车。1974 年,现代洋行生产出了韩国最早的挖掘机、推土机和发动机等建筑设备,"汉拏"这个商标也从当时开始起用。

郑仁永在1976年又创建了昌原工厂。昌原工厂是一个大项目，包括水力、火力及核能发电设备的生产线和制铁、石油化学、海水淡水化等设备的生产线。然而，1980年，新上台的军政府决定对重工业进行重组，昌原工厂和军浦工厂被取缔。郑仁永回想起当时的情况时说："梦想被剥夺的事实令我十分心痛。"

但是郑仁永并没有陷入绝望。他将自己的房子作为基地，和18名职员一起创建了汉拏集团。1989年，汉拏集团的销售额逼近1万亿韩元。然而当年7月，郑仁永遭遇了第二次挫折，他因突发性脑中风晕倒，出现了左半身麻痹和语言障碍等问题。由于症状十分严重，医生认为基本没有治愈的可能性，但是郑仁永坚持坐在轮椅上指挥公司的经营。

汉拏集团因机械业务的飞跃式发展在1997年成为韩国第十二大企业。然而当年的金融危机又使汉拏集团陷入破产境地。郑仁

15 跌倒了就重新站起来——郑仁永

永为了拯救集团，于 1999 年将集团的第一家企业万都机械抛售。在经历了一系列结构重组后，汉拏集团重获新生，而饱受疾病折磨的郑仁永却于 2006 年 7 月 20 日去世。之后，汉拏集团在 2008 年 3 月重新收购了万都机械。

韩国企业家 100人 100言

具滋暻

LG 集团名誉会长

16

要在顾客身上找答案

——具滋暻

韩国LG集团名誉会长具滋暻（号上南）平时常在代理店、服务中心及工厂等地与顾客亲自交流。有一次，具滋暻在首尔明洞服务中心与几位家庭主妇一同聊天时，问道："用过我们的产品后感觉如何？是否还有需要改进的地方？"

主妇们的回答让具滋暻出乎意料。"洗衣机盖要设计得牢固些，我的孩子习惯脱下衣服后就往洗衣机里扔，盖子太薄经常会断掉""能给大冰箱装个轮子吗？我们挪起来太费劲了""冰箱后面是否能加个橡皮垫？安置的时候不至于让冰箱或是墙壁过度受损"……这些话无疑给了具滋暻当头一棒：原本以为主妇们会在尖端技术上提要求，没想到提的却是轻而易举就能解决的小问题。

具滋暻在投身事业后曾认为：开发尖端技术并以低廉的价格向国民提供最高水平的产品，是一名企业家的职责。尤其是在20世纪90年代市场开放那会儿，具滋暻认为能够借助开放热潮走向成功的唯一途径便是缩小与国外优秀企业间的技术差距，对此他坚信不疑，而上述主妇们的问话却让他领悟到什么才是重要的。

韩国企业家 100人 100言

比起企业一味追求的尖端技术，顾客们更重视的是产品是否符合自身的要求。当然，技术开发不可懈怠，但更重要的是技术应以人为本。打那以后，具滋暻在向高层提到不懈创新的企业精神时，总会进一步强调"基于顾客的价值创造"，因为"新产品创意大部分来源于顾客，可以说顾客就是我们的老师。创新的前提应以人为本，这也是必经之路"。

具滋暻是LG集团创始人具仁会的长子，他于1970年接手父业就职集团会长时说："都说长江后浪推前浪，但我相信能守住先辈的业绩本身就是件重要的事情，因此我稳扎稳打，只为明天而奋斗。"

具滋暻在任25年间，LG集团的销售额大幅提升了2 500倍。

16 要在顾客身上找答案——具滋暻

他在任时最常强调的是"自律经营"和"基于顾客的价值创造"。1994年具滋暻将事业移交给儿子具本茂时强调"要在顾客身上找答案",还要像老虎拼全力去抓一只不起眼的小兔子那样,学会问自己"是否已为这个决定做了最大努力"。

韩国企业家 100人
100言

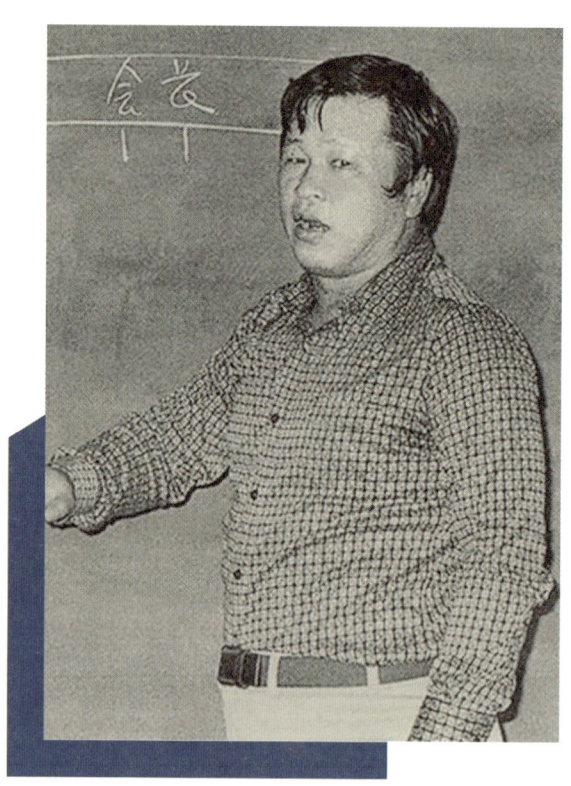

崔钟贤

鲜京集团（现 SK 集团）会长

17

机会不能只用钱来计算

——崔钟贤

　　1994年1月，在鲜京集团（现SK集团）会长办公室，会长崔钟贤焦急地找到了负责集团财务的高层。

　　10天后韩国移动通信（现SK电讯）将进行公开竞标。而一年半前，崔钟贤曾经返还了艰难到手的第二移动通信运营商的运营权，决定通过收购韩国移动通信来进军这一市场。

　　然而，收购消息一传出，韩国移动通信的股价便开始疯狂上涨，连续60余天涨停，从原先的每股5万韩元涨至每股33.5万韩元。公司市值也从原本的1 000亿韩元左右猛增至4 200亿韩元。鲜京集团负责研究收购问题的经营委员会委员们都出现了动摇，但崔钟贤仍旧坚持原本的意见。他认为，尽管目前要多出2 000亿韩元来收购，但是按照移动通信产业的发展势头，5年后若要收购，至少要多出5 000亿韩元；现在收购不仅条件更好，若准备充分的话，10年内可创造出10亿~20亿韩元的季度营业利润。

　　最终鲜京集团以每股33.5万韩元的价格收购了韩国移动通信127.5万股的股份，总投资额高达4 217亿韩元。后来的事实证明当初的收购决定非常有先见之明：收购7年后，韩国移动通信的当季净利润超过了 1 万亿韩元。

崔钟贤认为经营商业需要高瞻远瞩:"对商业来说最重要的是机会,我们买的不是企业而是进入通信产业的机会,机会是不能只用钱来计算的。"这种观念帮助 SK 集团获得了新的发展机会。

崔钟贤是 SK 集团的第二代会长,在当时石油引发的不景气环境下,他为集团的未来发展打下了坚实的基础。他于 1980 年收购了从事石油行业的油公公司(音译),1994 年再度收购了当时仍为国有企业的韩国移动通信 23% 的股份。

崔钟贤坚持以人为本的经营原则,他总是说,"人是石油所无法比肩的无限资源"。他还强调"经营战争"的理念,并建立起了独有的经营体系。

崔钟贤认为,"无论是什么企业,都必须尽快准备全面的无

限竞争。若不在技术、资金、营销或管理等方面为拥有竞争优势做好战略准备,企业将很难生存"。这句话,至今仍为企业家们敲着警钟。

韩国企业家 100人 100言

张英信

爱敬集团董事长

18

忍耐成就了现在的我

——张英信

说到韩国女性企业家,不得不提的是爱敬集团的会长(董事长)张英信。她曾作为国家公派留学生前往美国留学,在美国费城的切斯努特山学院(Chesnut Hill College)攻读化学专业,在当时确属为数不多的女性精英。

张英信在与爱敬集团创始人蔡梦印结婚后,成为一名平凡的家庭主妇,而让她的人生出现转折的是1970年7月12日其丈夫蔡梦印的离世。当时爱敬集团研发出韩国首个美容肥皂产品"美香",继而又推出了首个厨房洗涤剂"Trio",正值市场扩张的巅峰时期。然而,创始人蔡梦印的离世让整个集团面临危机。

一开始,张英信还在为自己四个孩子的前程感到担忧,但随着时间的流逝,她意识到自己应继承丈夫留下的公司。决心投入到公司经营中的她,花了六个月时间悄悄在一个学院里恶补复式记账、财务报表等知识。

然而,张英信的决心遭到强烈反对。公司开始传出"母鸡打鸣要败家"的传闻,甚至有高层扬言要辞职。其中有一些对公司贡献不小的功臣回绝了张英信的"学习"要求,离开了爱敬。

张英信在自传中用"种麦粒的心态"来形容她自己当时的心

境:"我对自己当时的能力全无信心,但又毫无选择。于是从养育孩子的母性角度出发,同时凭借妻子对亡夫遗业的一份情义,再加上对爱敬员工的责任感,多种因素让我决定冒这次险。"

1972年7月1日,张英信作为公司的代表理事开始上班。新官上任,张英信下令在维持丈夫的肥皂事业的同时,将爱敬集团的未来发展方向确定为化学工业。1972年年底,第一次石油危机爆发时,洗衣机开始普及。张英信预测洗涤剂的时代即将到来,于是打造了一个8 000多平方米的大规模洗涤剂工厂。

张英信继而在1976年创建了生产塑料容器的公司,将爱敬集团的事业范围扩大到涂料等各个日用品方面。张英信的商业头脑十分灵光。20世纪80年代的化妆品市场迎来需求高峰期,张英信发现洗面奶产品的流通结构仅限于在百货店和酒店内,于是她将该部分产品投入到药店和超市中,形成当下的药妆店,获得了很大成功。"差别与偏见是闯天下的必经之路",这是张英信常说的一句话。

18 忍耐成就了现在的我——张英信

奋斗多年的张英信,将一个小小的肥皂公司打造成旗下拥有46家子公司、年创收达6万亿韩元的爱敬集团。作为一个女性企业家,张英信为韩国女性成就事业做出了表率。"我能走到今天,凭借的是一股在逆境中永不言弃的忍耐",这是她希望传达给下一代人的话。

韩国企业家 100人 100言

尹锡金

熊津集团创始人

19

积极精神创造杰作

——尹锡金

熊津集团创始人尹锡金是一名从销售员升至最高经营者的传奇式企业家。

尹锡金很早就立志创业,他从建国大学经济学专业毕业后,从事了一年左右的饮料加盟店工作,但是由于资本和经验不足的原因,这份创业很快就失败了。作为家里9个子女中的长子,家庭责任重大的他之后进入了不列颠百科全书韩国分公司担任销售员。

刚开始销售时,尹锡金畏惧按门铃,即使见到对方也张口结舌。最后,不能再失败的迫切感给了他勇气。尹锡金回想起当时的情景说:"每天早上看着镜子自己给自己鼓气。积极的精神是指即使身处逆境也要突破的意志,是相信自己能够做到的自信心。"

尹锡金每次出差都会只准备一天的住宿费和第二天的早餐费。他下定决心,若不能签下合约,就宁愿挨饿。通过这种把自己放在艰难环境中锻炼的方式,强迫自己必须做到最好。或许是出于这种决心,他每次都能顺利地签下合约,用合约提成充当剩余时间的住宿费和活动费用。

这种努力让尹锡金在进入公司后不到一年的时间就成为不列颠百科全书全球业绩最好的"销售王"。对他而言，销售员的生活是克服失败的挑战、认识到"积极"的重要性的契机。

尹锡金在不列颠百科全书韩国分公司内快速晋升，然而他随后放弃了这条舒适的路，再度选择了创业。1980年，尹锡金以7 000万韩元的资本开设了一家仅有7名职员的小公司（现熊津Thinkbig），利用在不列颠百科全书韩国分公司内积累的经验制作学习教材并销售，获得了爆发式的增长。之后尹锡金将故乡公州的旧名"熊津"作为公司的新名字。熊津推出的"幼儿村""熊津伟人传记""熊津IQ"等系列儿童教育图书同样获得了成功。

在出版事业成功的基础上，尹锡金于1987年创建了熊津食品，将业务领域扩张至食品、饮品。1989年，尹锡金又建立了熊津豪威，业务范围正式拓展到净水器。

销售员的经历让尹锡金拥有把握消费者需求的能力，熊津集团的新业务先后获得了成功。尤其是高价净水器租借服务帮助熊津集团将金融危机这一难关成功转换为机会，独特的上门维修保养制度为熊津集团吸引了无数消费者。

19 积极精神创造杰作——尹锡金

尹锡金的成功可以说是他独特的经营思想的杰作。他总是强调,学会享受是做好事情的基础,而这种精神可以用一句话来表达:"积极精神创造杰作。"

韩国企业家 100人 100言

李健熙

三星集团前董事长

20

以质取胜才是生存之道

——李健熙

1993年6月4日,日本东京大藏村酒店内正在开三星电子技术开发对策会,会场一片热情洋溢的氛围。时任三星集团会长(董事长)的李健熙(现任三星电子董事长)主持了该次会议。李健熙从当年3月起,数次在海外亲自主持这类会议。

这已是李健熙就任董事长一职的第六年。他从1992年夏天起就患上了严重的失眠症,体重狂掉逾10公斤。1993年2月,李健熙在视察美国洛杉矶百货店和折扣店时,发现索尼、NEC(日本电气股份有限公司)等公司的产品摆在货架显眼的地方,三星产品则被摆在了不起眼的角落,这种耻辱感让李健熙无地自容。从此以后,他没有睡过一个安稳觉。

欧盟宣布成立之际,正处于世界市场将现巨变的一个时期。三星电子在韩国大本营固然稳坐龙头,但过于满足现状会影响其国际地位。

李健熙强调,"以质取胜才是生存之道"。长达数小时的会议结束后,李健熙单独会见了三四名日方顾问。这些都是李健熙为追赶日本发达的技术而从1998年起亲自招揽的人才。

"真心为三星好的话,请坦白讲吧。"李健熙开门见山说道。

韩国企业家 100人 100言

还在犹豫的日本顾问团队终于打开了话匣子,负责设计的顾问福田繁雄交给李健熙一份点评三星电子问题的报告,这就是著名的"福田报告"。

1993年6月7日,在德国法兰克福的一家酒店,李健熙召集了200多人开会:"从现在开始,请录下我说的话。我如此强调以质取胜,难道这就是结果?强调了好几年,这就是变化?现在的三星是癌症晚期患者,我要亲自出马。"

于是,李健熙立下"三星新经营"的宣言,抛弃以量取胜,转为以质取胜,他说:"不要受限于制度或是惯例,不要看董事长的眼色,除了媳妇和孩子,全都要改变!"由此,李健熙一改以往的作风,开始了强有力的经营变革之路。

这是脱胎换骨般的经营蜕变,促使三星电子在2000年后进入全球顶级IT企业之列。三星电子1992年税前仅有2 300亿韩元的公司收益;10年后,2003年的税前收益涨至15万亿韩元,增幅高达66倍。同期,三星电子的负债占比由336%降低至65%,总市值也增加了 20 多倍。在 2003 年举行的"新经营十周年"纪念会上,李健熙称:"一想到若不推行新经营,三星可能会沦为二流、三流公司,就觉得毛骨悚然。"

韩国企业家 100人 100言

郑梦九

现代汽车集团会长

21

品质是我们的尊严和企业存在的理由
——郑梦九

"走走就停下来的不是车!"

现代汽车集团会长郑梦九不断提醒自己这句话。郑梦九在业界以亲自主持品质经营会议、检查新车品质而闻名。

郑梦九在现代汽车服务领域工作了24年,积累了丰富的经验和知识,在此基础上,郑梦九自现代汽车集团问世后始终坚持"品质经营"的理念。他认为,只有品质才是产品的根本竞争力,也是与顾客安全和满足直接联系的因素,更是现代汽车的尊严和企业的存在理由。

2002年,郑梦九从自己担任会长初期建立的海外品质状况室得知产品的一个问题:在驾驶过程中发动机会不时停止。为了解决这个问题,集团高层召开了数次会议,但是几个月后仍旧没有合适的对策。郁闷不已的郑梦九叫来南阳研究所所长李贤淳(音),指示他仔细调查造成这一缺陷的原因,并进行修改。

4个月后李贤淳向郑梦九提交了一份电机装置零附件问题的报告书,郑梦九在深思熟虑后提出了一个建议:"在将感应器和电脑装到发动机前,重新仔细检查一遍如何?"

这种方式被称为"全量检验",即供货商在生产过程中对已经完成验货的零件再度检验。郑梦九认为，汽车是零件的组合，最高水平的汽车是从一流零件开始的。

但是这项工作需要约 1 000 亿韩元的预算，郑梦九坚持在品质上不妥协，于是现代汽车的所有工厂都配备了全量检验系统。现代汽车也成为全球唯一拥有这种系统的企业。

郑梦九在汽车制造方面倾注了最多心血，他亲自管理的领域是发动机，特别是在获得动力传动机构的源头技术上投入了极大的热情。

郑梦九每次前往南阳研究所都必定前往动力传动机构研究所，他指示一定要开发现代汽车独有的动力传动机构。郑梦九认为，不自主研发发动机、完全依赖进口的汽车公司从严格意义上来说只是汽车制造销售商。

他曾说："不管用多少钱，只要有必要就大胆地使用新技术。我们要制造出比丰田、本田、宝马、奔驰更好的发动机，今后在动力传动机构的研究上不设预算限度，不要考虑钱，只管去想如

何制造出好的发动机。"

郑梦九对品质的坚持使现代汽车的发动机缺陷明显减少,并开发出了可与世界一流企业比肩的动力设备。

品质得到改善后,品牌的知名度也大幅上升。自 2000 年起,现代汽车和起亚汽车在欧美市场的品牌知名度得到了令人瞩目的提升,在美国品牌知名度的调查中甚至超过了奥迪和宝马,令其他制造商大为吃惊。

郑梦九曾强调说:"我们成为全球第七还是第八都不重要,我们应该制造出符合顾客要求的没有故障、在价格和技术层面都拥有竞争力的汽车。"

韩国企业家 100人 100言

具本茂

LG 集团董事长

22

龙头企业应是百年之计
——具本茂

一向以"人和"为创业理念的LG集团（乐喜金星）在韩国企业界可谓是独树一帜。

负责公司创立初期阶段经营的具氏一家，以及投资入股的许氏一家，在长达57年的岁月里一直保持着和睦关系。两大家庭兄弟关系复杂，但2003年LS以及2005年GS等从集团中分离出来时丝毫没有不和谐的声音。若无强而有力的信义与关爱，以及共同成长的智慧，这将是件难于上青天的事。第三代集团董事长具本茂也强调过这一点。这从他2008年年底的一番话中就可以看出来。

当时正是美国次贷危机蔓延至全球各地的时候。经历过20世纪90年代外汇危机的韩国企业，再次面临大规模结构调整的问题。当时，具本茂斩钉截铁地说道："不能因为有困难就裁员，或是不招新人。真正的第一名不会满足于短期成果，而是要做未来50年、100年的老大。"如此霸气的口吻，凸显出具本茂注重人才培养的理念。

具本茂强调，在困难时期做足准备的企业在景气指数好转时才能脱颖而出，而这个目标实现与否，关键在于人，不能让既有员工感到不安，而需要鼓励他们努力工作。他说："所有变化与革新的中心在于我们的人，他们的姿态和想法决定了LG的未来。"

最终，LG集团在具本茂的指引下渡过难关，把对策重心从员工身上转移开来，通过减少库存、提高供应链效率等多种革新手段成功突破困境、渡过危机。LG集团现已发展为生产电子产品、移动电话和石化产品等的韩国五大集团之一，员工超过8.4万人。LG集团2008年全球销售额达447亿美元，旗下有五大事业体：家庭娱乐、移动通信、生活家电、冷气空调以及企业解决方案。

2015年是具本茂就任董事长一职的第二十个年头，当年他成功转变"Lucky Goldstar"（缩写为"LG"）的企业形象，推出新品牌。具本茂称，企业最重要的是在竞争中拥有求胜的毅力，这不管是在模拟信号时代还是在数字时代都是一条真理。

具本茂在事业上的长远眼光备受业界称赞。当年他提出将LG集团打造成以电子、化学和通信服务为主的国际性企业，如今成

功兑现了诺言。在企业发展过程中，具本茂始终坚持这样的经营原则：与合作公司共赢发展。他强调，不应以集团给予合作公司的多与少为标准去进行成果评价，应提高合作公司的竞争力并视其在业界的地位而加以评价。

韩国企业家 100人 100言

孙吉丞

SK 电讯名誉会长

23

边行动边思考,边思考边行动
——孙吉丞

　　SK电讯名誉会长孙吉丞被韩国企业界誉为"工薪族的神话",他从底层职员做起,晋升至韩国四大集团之一的会长,还一度担任有"企业界总理"之称的全国经济人联合会(简称"全经联")会长职务。

　　孙吉丞1959年进入首尔大学商学系学习,同时加入学生军士教育团第一期,完成了军队服役。1965年,正在准备研究生考试的孙吉丞被鲜京织物(SK集团前身)录取,辅佐当时的会长崔钟贤,为今天的SK集团打下了基础。他还于20世纪80年代、90年代分别主导了SK集团对大韩石油公社(现SK Innovation)和韩国移动通信(现SK电讯)的收购。

　　升至集团会长后,孙吉丞与曾担任SK控股会长的崔泰源的二人管理体制维持了5年,这期间二人的业绩彻底改变了外界对专业管理人只能建立5~10年中期政策以及局限太大的偏见。

　　在韩国遭遇金融危机、大部分企业陷入低迷的状况下,SK集团反而攀至发展巅峰。当时的媒体将其成就评价为"专业管理人和大股东的合作经营体制的成功""掀开了韩国式企业文化的新篇章"。

韩国企业家 100人 100言

孙吉丞认为，SK 集团能够扎实发展的力量来源于希丁克式的足球管理方式。他表示，希丁克式的经营原则和基本方法，能够激发出选手们的主动性。SK 文化的优点也在于：比起人脉和地缘，更重视实力，职员们能够展开主动的、充满热情的经营活动。

孙吉丞本人在重大经营事项上做决定时，从不独断专行，他坚持喜欢讨论的前任会长的"合理性经营原则"，并通过体系来进行管理。

孙吉丞强调"光速经营"的必要性。他说："就好像在世界杯上，全体职员应该边行动边思考，边思考边行动，实践光速经营。在知识经济社会，信息也以光速在传播，人类的需求也变得更快、更为多样，若不能应对这种变化，企业将无法生存。"

孙吉丞于 2003 年 2 月成为全经联第二十八任会长，平时他总是强调，企业位高则任重，应该对国民经济和社会发展做出

23 边行动边思考,边思考边行动——孙吉丞

贡献。

孙吉丞曾说道:"为了构建起东北亚经济合作体系,我们必须将国力提升至和中国、日本同等的水平上。为此,我们需要将现在的 GDP 提升 2 倍以上,但若没有政府、企业界和国民的团结,这是不可能实现的,为此,企业界和全经联应该以身作则,赢得国民的信任。"

韩国企业家 100人 100言

许东秀

GS 加德士董事长

24

原油可进口，石油须出口
——许东秀

韩国著名企业 GS 加德士会长（董事长）许东秀在青年时期就梦想成为一名能源专家，如今在能源之路上打拼超过半个世纪，他已是个名副其实的能源专家。

许东秀在国际石油及石化行业中素有"韩国油先生"（Mr. Oil）的美称。许东秀从本科生开始到博士生均攻读化工专业，1973 年进入湖南精油公司（现在的 GS 加德士）工作，2003—2012 年担任了 10 年董事长一职。

许东秀从事石化行业时间长达 40 多年，对石油了解的深度在韩国无人能及。20 多年前，为应对高油价压力，许东秀开始集中资金投资重质油分离设施，以生产汽油和轻油等高增值轻质油产品。目前平均每天要从 27.4 万吨重质油中提炼环保轻质油，产品有一半出口海外。

韩国属非产油国，出口石油产品更是一件让人难以想象的事情。许东秀却总抱有"进口原油，出口石油"的理念，在石油危机爆发后的 20 世纪 80 年代初开拓了原油加工市场，把韩国从能源进口国转变为出口国。

许东秀多年持续往中东、俄罗斯、南北美洲、亚洲等地出口

GS 加德士的石油产品，其中也包括产油国家。从 2008 年起，GS 加德士全年营收额的一半以上均来自向海外出口。由此，许东秀多年获取数个奖项，并在 2012 年以 250 亿美元的出口成绩在业界拿下首个"金冠文化勋章"。

GS 加德士，英文名称"GS Caltex Corporation"，中文名称为"佳施加德士株式会社"，简称"GS 加德士"。GS 加德士成立于 1967 年，当时是韩国 LG 集团与美国加德士（Caltex）公司的合资企业（美国加德士公司隶属于雪佛龙石油公司），亦是韩国首家私人精炼油公司。2005 年，LG 集团重组以后，"LG 加德士"更名为"GS 加德士"。

许东秀引导下的石油产品出口市场发展迅猛。石油产品在 2012 年超过半导体、汽车成为韩国第一大出口产品。

2008 年 12 月，GS 加德士经营委员会曾报告称，因公司不景气需要裁员。对此许东秀表示，越是这个时候，越要招揽优秀人

24 原油可进口，石油须出口——许东秀

才，并指示领导层维持雇员目标。许东秀认为，在对的时间（Right Time）把对口的人（Right People）安排到正确的位置（Right Place）十分重要。

韩国企业家 100人 100言

赵锡来

晓星集团会长

25

企业监察从我做起
　　　　　　　　——赵锡来

　　晓星集团会长赵锡来很久之前曾经对公司监察部门的职员说："监察的时候请从我开始。"

　　赵锡来的自我管理非常严格，在公司的业务监管上则更为严格。他尤其重视"正道"，在管理的透明性上倾注了心思。赵锡来认为，靠走捷径就算能获得一时的成功，但最终也只是容易倒塌的沙子城堡而已。因此，他总是告诉职员监察要从自己开始，并强调，为了管理的透明性，公司内部没有禁区。

　　晓星集团从2010年起就建立起了"晓星之道"，总结了赵锡来的管理方针，在4个核心价值——"最好、革新、责任、信任"之下总结了8个行动原则。在"信任"这一核心价值之下有一条行动原则为"根据事实和原则透明、公正地工作"，这是赵锡来最常强调的管理方针之一。

　　赵锡来在2008年新年早会上强调："我要求大家尽责任，并非将所有事情的责任都推给大家，而是希望大家一起分担责任。"

　　赵锡来经常说："在工作时若碰到问题，不要一个人苦恼，应该都表达出来，动员周围人的智慧一起解决才是正确的方式。"

　　赵锡来相信，只有所有职员都拥有主人翁精神，根据自己的责任发挥出能力，企业才会发展。

1998年，赵锡来建立起了责任管理制度，对集团的结构进行了改革，并赋予事业部自主权限以达到提升成果的目的。这种创新的改革帮助晓星集团平稳地渡过了外汇危机，使其成长为称霸全球市场的跨国企业。

晓星集团被认为是克服外汇危机的模范。通过成功的结构调整，晓星集团在弹性纤维、轮胎帘布等多个领域都登上了全球市场份额第一的位置，同时还独家开发出聚酮这种材料，并在全罗北道全州建设了石墨纤维产业园区。

赵锡来是晓星集团创始人赵洪济的长子，毕业于日本早稻田大学，之后在美国伊利诺伊理工大学化学系攻读硕士。

他从1966年起开始学习公司管理，1970年起负责晓星物产、东洋尼龙、东洋涤纶、晓星重工等业务的管理工作。

1981年，赵锡来担任晓星会长职务。1983年，他宣布集团进行"第二次创业"，发展了集团的化纤、重型电机、化学、建设、

信息通信等业务。

　　赵锡来还是企业界公认的国际经济谈判专家，他曾经担任韩国全国经济人联合会会长，韩美业界会议、韩日经济人会议、太平洋经济协会等机构的领导人，对促进韩国和其他国家的国际经济合作做出了贡献。

韩国企业家 100人 100言

赵亮镐

韩进集团董事长

26

在体制内自我突破,利用体制突破自我
——赵亮镐

"建议将飞行时间调整为晚上,以便新婚夫妇在婚礼结束后能够轻松出发。"在大韩航空即将执行马尔代夫飞行任务之际,韩进集团董事长赵亮镐如是说。这是一位超级注重细节的企业家。

韩进集团创始人赵重勋(号静石)长子赵亮镐于1974年进入大韩航空,1992年成为该航空公司的总经理,并在7年后升为董事长。2003年,赵重勋离世后,赵亮镐成为韩进集团的新一任董事长。虽是简单的家业继承,但赵亮镐仍能凭借自己的经营哲学,不断扩大韩进集团的事业范围。他常说,企业不是继承的,而要有资格去打理,"现在是专业经营人才的时代,不懂得实务操作就不能做出商业决定。在准确把握业务内容后,做出合理的决定,是一名优秀经营者的基本条件"。

赵亮镐强调,尤其是航空公司,和别的制造业不同,无专业经营知识的话,职位再高也无法在经营圈子内有所作为。

赵亮镐是一个学到老、活到老的实务型领导,航空业方面的术语无一不晓,在航班执行任务前还会亲自跑前线作指示。据说在拿捏美国航线时,赵亮镐曾赶赴美国,睡在一个小旅馆

中，数日以快餐充饥，18天内开车6 000公里去做市场调研。其惊人的毅力和注重细节的能力叫人佩服不已。即使是一个不起眼的小城市，赵亮镐也会亲自出马到现场视察，然后才决定是否开通航线。

2003年2月就任集团董事长一职的赵亮镐，在上任仅3个月的时间内，就宣布将购买空中客车公司的"A380"客机。空中客车"A380"是欧洲空中客车工业公司研制生产的四引擎、555座级超大型远程宽体客机，投产时是载客量最大的客机，素有"空中巨无霸"之称。当时美国"9·11"恐袭事件给人们带来的心理阴影仍未散去，航空业经营惨淡。因此，集团购买客机的消息遭到周边人的反对。5年后的2008年，金融海啸撼动全球，而赵亮镐不顾反对实现了诺言，并以最低廉的价格买到了这架飞机。

赵亮镐常说，请推行德国式经营，不要美国式。在体制内自我突破，利用体制突破自我。事实确实如此，最大限度调动人

26 在体制内自我突破，利用体制突破自我——赵亮镐

才、提高效率是韩进集团的特色之一。这位在国际市场上大放光彩的企业家还担任了2018年在平昌举办的第二十三届冬季奥林匹克运动会的组织委员长。赵亮镐的"输送报国"精神得以不断延续。

韩国企业家 100人 100言

许昌秀

GS 集团董事长

27

应成为值得尊敬的企业
——许昌秀

"GS首先应该得到顾客的喜爱，并成为职员实现梦想和理想的土壤，成为对于股东和投资者而言最具魅力的投资对象，还应该通过透明的经营，成为合作企业信任的好伙伴。"

韩国GS集团董事长许昌秀在2006年展望集团未来发展时，定下了"人人羡慕的拥有最高价值的GS（Responded & value Np.1 GS）"的目标，并说了上述这段话。

2005年GS集团正式从LG集团中分离出来，自立门户。董事长许昌秀以"在顾客中和现场寻找答案"的原则为基础，反复强调变化和革新，使GS集团面世仅10年后，就凭借能源、流通及建设三大主力产业跻身财界第七位，显示出其非凡的领导力。

许昌秀始终强调透明经营。他深知创业容易守业难，考虑到再优秀的企业也有一夜倾覆的可能，为将GS建成超一流的百年企业，他将透明的组织文化视为企业必需的要素。

"透明的组织文化正是一家企业的力量。不透明或不道德的企业是没有竞争力的。即使汇聚了优秀的人才，但如果没有严格的规矩也不过是没有力量的沙粒罢了。GS应该成为值得尊敬的、堂堂正正与对手一决胜负的企业，并与我们的社会共同持续成长。"许昌秀说。

许昌秀在LG商事任职期间，曾长期在中国香港、东京分公司工作，熟练掌握了英语和日语，并拥有卓越的国际敏感度。LG商事海外分公司因海外出口及LG电线因开发发达国家市场和新技术而创造了共7亿美元的业绩，这也让许昌秀在2001年荣获了"金塔产业勋章"。

从2011年起，许昌秀历任全国经济人协会第三十三至第三十五届会长，开始作为韩国财界的领导代表积极活动。由于他为有效克服两次全球经济危机做出了贡献，2013年又代表财界被授予"国民勋章木槿花奖章"。

此外，许昌秀还坚持"企业如果想持续发展，必须获得顾客和社会的尊重"的信念，2006年用私人财产、以父亲的字号"南村"为名设立了"南村财团"，为低收入阶层患者及低收入家庭子女提供医疗服务、教育及奖学金援助。2008年2月，许昌秀被

27 应成为值得尊敬的企业——许昌秀

美国《福布斯》杂志评选为"亚洲利他主义者48人"。

许昌秀带着奉献的精神发展企业,并真正践行着"位高责任重"的思想,义不容辞地为韩国国民谋福利。

韩国企业家 100人 100言

朴三求

锦湖韩亚集团董事长

28

企业存在的理由是提高人民生活质量
——朴三求

"企业是不可以受到谴责的。谴责比子弹、炮弹更加可怕。"锦湖韩亚集团董事长朴三求只要有机会就会同职员强调这句话。在2006年集团成立60周年大庆时,朴三求公开表示:"要成为和顾客共同飞向美丽未来的美丽企业。"他所谓的"美丽企业",是指能够坚守承诺、诚实守信、值得信赖并承担社会责任的企业。

除了经营业绩外,朴三求在建立企业的价值体系和组长文化上同样耗费心血。多年来,他一直践行着自己的经营哲学:"让企业周围的利益相关者的生活质量提升""打造拥有业界最高价值的美丽企业"。

2004年,朴三求凭借企业活动为国家经济发展和产业合理化做出的贡献而荣获"金塔产业勋章",2008年其企业家精神得到高度评价,获年度"Ernst & Young 最优秀企业家奖"。

由于朴三求拥有比年轻人更年轻的想法和创意,因此他也被称"永远39岁"。1967年,朴三求进入锦湖轮胎公司,1980年升任锦湖实业社长,1991年就任韩亚航空社长,使韩亚航空得到世界四大航空服务评价机关的认可。这些都要归功于他蓬勃的思考力。

2002年,朴三求成为锦湖韩亚集团董事长后加速了企业的国际化进程,集团先后在中国的天津(2006年)、长春(2007年)以及越南的平阳省(2008年)、美国佐治亚州设立工厂。

集团旗下的锦湖高速目前已经在中国设立10家法人,在越南设立2家法人。韩亚航空作为世界最大的航空联盟——"星空联盟"的会员,截至2016年4月,已经在24个国家的74个城市开设了88条国际航线。

此外,朴三求自2005年任第四届韩中友好协会会长以来,一直为促进韩中友好发展贡献着力量。2007年朴三求设立了"锦湖韩亚越南奖学文化财团",截至目前已为约1 200名越南学生提供了奖学金,他也因此成为首位被越南国家主席授予"友好勋章"的民间人士。

28 企业存在的理由是提高人民生活质量——朴三求

2015年,朴三求荣任企业艺术支援协会第九届会长,目前活跃于各种活动中的他正在积极践行着自己的一贯主张——"希望别人不是称呼我为资产家,而是企业家"。

韩国企业家 100人 100言

金升渊

韩华集团董事长

29

必死则生，必生则死

——金升渊

"这并非只是削骨之痛，那是一种如同没有麻醉的情况下剔骨挖肺的感觉。"1999年5月，出席韩国全国经纪人联合会记者研讨会的韩华集团董事长金升渊，在谈话中提到了当时公司面临高强度结构调整时的个人心境。当年韩华集团遭遇国际货币基金组织外汇危机，大企业均在政府主导的企业结构调整框架下改善经营。抛售股份、合作、战略合作等——当时能够尝试的一切手段，金升渊都尝试过了。一年时间内，韩华集团负债比率下降了960%，而金升渊的体重也减了8公斤。

金升渊的父亲是韩华集团的创始人。1981年，年仅29岁的金升渊就继承了庞大的家庭产业。为壮大家族事业，金升渊果敢推行并购和结构重组计划。

1982年，金升渊成功收购了韩国陶氏化学公司和韩洋化学，这是他的首份并购成绩单。时逢第二次石油危机，国际石化行业经营惨淡。当时由于这两家公司赤字负重过大，周围人都劝金升渊三思而后行，但金升渊最终还是根据自己的想法拿下这两家公司。这两家化学公司经过结构调整后，销售额由当年的1 620亿韩元激增至2015年的8万亿韩元。

1999年推行结构调整时,金升渊考虑卖掉旗下的能源公司,转而进军炼油业,为此,公司需要裁掉25%的员工。当时有6 000多人离开了公司,但劳资纠纷一次都没有发生过。部分媒体曾误报董事长辞职的消息,结果许多韩华员工举着牌子称"董事长不能辞职",凸显出该企业在金升渊的领导下形成的团结作风。

金升渊对员工表示感谢,称他们在最宝贵的青春岁月里工作了二三十年后,原本应该留在公司,但最后不得已离开,让人感动。金升渊将裁员过程看作一次大手术,将其比喻成在没有麻醉的情况下割肉,那种撕心裂肺的痛至今令他难忘。

金升渊常说:"必死则生,必生则死。"2010年后,他开始再次积极跨界收购,当年收购了大韩人寿并扩大金融领域的事业后,集团成功跻身韩国十大企业之列。金升渊后来在中国、德国等地陆续推行收购计划,成就了集团今天的规模。目前,总部位于韩国首尔的韩华集团,在韩国国内拥有53家下属机构和分支企业,在全球拥有78家办事处和分公司。集团的全球业务网络遍布

29 必死则生，必生则死——金升渊

欧洲、美国、中国、东南亚和中东等地。集团以在工业制造、建筑地产、金融保险、能源开发等领域积累的竞争优势为基础，不断开辟新的海外市场，在强化航空宇宙事业等新的未来发展动力的同时，将核心力量集中于海外资源开发领域。

韩国企业家 100人 100言

朴容晚

斗山工程机械会长

30

企业变革没有标准答案
——朴容晚

"企业的变革没有教科书式的标准答案。"

韩国斗山工程机械会长（前斗山集团会长）朴容晚正是促进韩国年龄最长的企业——斗山集团"不断变化与革新"的领导者。

2016年迎来120岁生日的斗山集团的核心事业经历了两次变革。斗山从韩国首家现代店铺"朴承稷商店"起家，在朴容晚父亲朴斗秉任会长时以食品饮料为主要经营项目。

朴容晚从1996年开始崭露头角。当时，食品饮料等消费品事业发展停滞，斗山集团开始进行结构调整，通过实行年薪制、业务部门制等办法，将企业考察的核心转向以能力和成绩为主。

尽管这一调整过程充满了不足为外人道的痛苦和心酸，但在1997年国际货币基金组织（IMF）爆发外汇危机前后，当大部分企业都被卷入"资金周转难"的漩涡时，斗山集团则凭借先前结构调整的成果成功克服了困难。

通过结构调整积累了资金的斗山集团分别于2001年、2004年及2005年收购了韩国重工业（现斗山重工业）、高丽产业开发（现斗山建设）、大宇综合机械（现斗山工程机械），其事业中心转换为重工业。2007年,斗山集团又成功收购山猫公司(现斗山山猫)而震惊世界。

朴容晚通过并购(M&A)将专业团队纳入麾下,并由他们主导作业。斗山集团的年销售额从外汇危机爆发次年(1998年)的3.3万亿韩元一跃增至2013年的22万亿韩元。

作为朴斗秉的第五个儿子,朴容晚在韩国外汇银行开始了职场生涯,后又进入斗山建设,历任斗山重工业会长、斗山建设会长及斗山工程机械会长,于2012年正式升任斗山集团会长。

朴容晚积极利用并购战略成功改变了斗山集团以消费品为中心的企业结构。在提到集团成功变身的原因时,他表示,这是因为不忘初心。朴容晚说:"回顾斗山的变化过程,从一开始(我)一直在思考为什么要改变、目的是什么。只有不忘初心,才能通过改变促进企业不断发展。"

收购企业必然会使企业规模扩大。从前资产为100亿韩元的公司在6个月内收购了3家资产为30亿韩元的公司,从年底财报来看,公司规模扩大了90%,其利润和资产也都有增加。但是如果陷入盲目收购的漩涡，而没有扩大公司价值，那么企业面临的风险也将不断增大。在这种情况下，朴容晚不忘初心的坚守对集团的发展起到了至关重要的作用。

2016年，朴容晚将斗山集团会长一职交付于朴廷原，完美谢幕。

韩国企业家 100人 100言

玄贞恩

现代集团会长

31

请每日"KISS"

——玄贞恩

"现代集团的人们!请每日'KISS'。"

2009年5月13日,现代集团的员工们在收到会长玄贞恩发送的邮件题目后大吃一惊。但是当读到"和我每日'KISS'(Keep It Simple & Speedy 的缩写)"的句子时不住地点头表示赞成。所谓"KISS",传达的是"简单(Simple)"并"迅速(Speedy)"地工作的信息。

玄贞恩说:"世界经济陷入危机,情况越是像现在这样复杂,就越是需要洞察力将工作简单化。"她举出现代集团名誉会长郑周永的例子解释称:"他在忠南瑞山开垦土地时,由于水势巨大,现有的施工法无法阻挡大水,就想到用废铁,于是买下老式的大型油轮,最后成功阻止了大水,这就是'简单(Simple)经营'的明证。"

在谈及"Speedy"经营时,玄贞恩强调:"正是因为现代集团比竞争对手快一步,所以才能开发出国内首个液化天然气船和世界最高的现代电梯试验塔等。"

2003年玄贞恩的丈夫、现代集团前会长郑梦宪辞去会长一职后,玄贞恩便接过大权,开始统领现代集团。当她出现在经营一线时,一个 30 岁的女人能否经营好这样一家大企业遭到了不少人的质疑。但随后,玄贞恩便展示出了女性特有的柔软、细腻的领导能力。她通过在营业上推行"SSI（Super Sales Initiative）"计划,打造"强调营销的现代"理念等,将现代集团 2003 年仅 8 万亿韩元的资产提升到 2013 年的 30 万亿韩元,销售额也从 5 万亿韩元激增到 12 万亿韩元,有力地回应了质疑。2013 年年底,她又通过轰轰烈烈的结构改革对集团进行了重组。

玄贞恩的领导风格具有女性特有的包容性,得到了国内外权威人士的高度认可。玄贞恩于 2008—2009 年连续 2 年被《福布斯》推选为"世界最具影响力的女性",之后又成为唯一入选英国《金融时报》"2011 年世界 50 位女性企业家"的韩国人。

此外,玄贞恩还秉承公公郑周永的遗志,在韩朝统一及对朝事业上做出极大努力。2009 年朝鲜扣留了现代峨山公司员工,

31 请每日"KISS"——玄贞恩

对朝事业遭遇危机,玄贞恩开启三天两夜的访朝之旅,与当时朝鲜国防委员长金正日见面商谈,最终使被扣员工平安回国,她也因此被盛赞为"女中豪杰"。

韩国企业家 100人
100言

崔泰源

SK 集团会长

32

个体与整体

——崔泰源

2012年11月26日，SK集团为制定2013年经营方针召开了第二次CEO讨论会。会长崔泰源与20余家子公司代表进行了激烈的讨论。

"由控股公司和会长单独决定集团经营的时代已经过去了。如果想创造新的增长动力，经营方式就应该转向首先由了解所在领域的子公司负责人进行自主判断，然后再由集团和专家进行综合讨论。"崔泰源声音高亢。换言之，就是要充分利用集体智慧来进行委员会式的经营。然而其他子公司却认为，尽管这个方向是对的，但从老板经营体制转为由子公司代表单独进行理事裁决是否可行是另一回事。对此，崔泰源解释道："我知道大家担忧的是什么。但不能因为害怕未知，就放弃正确的方向。在前进的过程中遇到问题，改进就可以了。"

马拉松式的辩论结束后，SK集团最终在2013年开始了"个体与整体3.0"时代。这是崔泰源就任会长以来进行的"SK改革"的又一面旗帜。外汇危机后，1998年韩国经济陷入泥潭，时年38岁的崔泰源进入当时韩国五大企业的经营圈，其思想受到SK集团前会长孙吉丞赏识，开始在集团内进行结构改革。改革立足于改善各大子公司的生存状况，被称为"个体与整体1.0"时代。各大子公司凭借此次改革迅速完成了事业调整，可以不依靠控股公司而独当一面。

之后的2007年，"个体与整体2.0"时代大幕开启。此次改革的焦点放在改变长久以来建立的内需企业的形象上，集团开始扛起出口型企业的责任。崔泰源说："外汇危机后，国民对能赚美元的企业评价很高。SK集团也应该变身为国际企业，尽可能多地赚回美元，改变国民对我们的认识。"

在此期间，SK集团的出口规模从2007年的20万亿韩元激增至2012年年底的64万亿韩元，销售额也从69万亿韩元增至158万亿韩元。但同时也暴露出一个严重的问题，即子公司过度依赖控股公司发展事业。因此，崔泰源从2013年起又开启了"个体与整体3.0"时代，大幅放权促进子公司自主进行理事裁决及经营。

在崔泰源的坚持下，由SK旗下各大子公司CEO自主参与的6个不同部门委员会及特别委员会——ICT技术发展特别委员会

成立了。作为控股公司的SK集团除了评价经营业绩外,将其他所有的权力均交付给了委员会。

  崔泰源强调:"新的经营体制任何人都没有尝试过,当然不容易,但如果想得到更多幸福,这却是必走之路。"

韩国企业家 100人
100言

金俊起

东部集团创始人

33

我为成功而挑战

——金俊起

"我为成功而挑战。企业家应勇于挑战,且必须要成功。"

这是韩国东部集团创始人金俊起在将近50年的职业生涯中时常鞭策自己的一句话。

金俊起出生在一个政治家庭,从小便立志要成为一名企业家,为国效劳。1969年1月24日,金俊起创办了美隆建设公司(现在的东部建设)。1973年韩国政府深陷石油危机,外汇储备跌至谷底。此时金俊起一心想打入中东市场赚取美元,挽救国家经济,最终在沙特阿拉伯市场获得巨大成功。

1980年,金俊起开始利用在中东赚取的外汇扩张事业。当时他认为制造业对国家建设最有意义,特别是对基础工业的扶持最有帮助。但在那个时候,韩国大企业三星和现代已占据所有市场,金俊起认为,若要后发制人,则需要展开一场激烈的竞争。

这个想法得到部分人的支持和鼓励,但同时也有不少人反对。每当提出新事业规划时,如半导体、电气制铁厂等,均被认为是一次错误的决定,甚至在很小的事情上,金俊起亦要经受反对意见的牵制。

但最后金俊起还是选择了将所有资金投向新事业,并将自身定位为中小企业。他认为，事业要成功的话，需要投入大把的资金和至少 10 年以上的时间。

2000 年东部集团决定投资非存储半导体领域时，遭到高层的反对。金俊起表示：自己就算失败了也无所谓，这是为了提高国家的半导体产业竞争力。如果自己失败了，未来将有其他人来接手自己的事业。能成为这片领域上的开拓者，这本身就很有意义。

18 年之后，东部集团旗下半导体公司的销售额与净利润创下发展史上的新高。取得的这些成就，也再次证明了金俊起守得云开见月明的创业精神。

东部集团以东部建设公司为主体，业务涉及建设、金融、信息通信、食品等七大领域，以"我们的事业将走向世界，向人类寄语"为发展前景，目前下辖 56 家子公司。集团拳头产业东部建设的主要业务为土木、设备、建筑、住宅等，其中代表性的工程有韩国国立中央博物馆及清潭大桥；东部制铁是韩国最大的电炉制铁公司,拥有世界上规模最大的单一电炉;金俊起全力投资并苦心经营的东部 HiTeck 作为专业化铸造厂,拥有世界最高水准的模拟半导体技术人员;东部电子材料则拥有磁核心领域的世界领先技术。

韩国企业家 100人
100言

具泰会

LS 电缆名誉会长

34

收起贪心，顺其自然

——具泰会

"收起贪心，顺其自然。成就一个不依赖LG且资产健全的公司。"2003年10月，LS电缆就要从LG集团中分离出来。当时的LS电缆名誉会长具泰会叫来自己的4个儿子，说了上述这番话。他的儿子均在LG集团子公司工作。尤其是长子具滋洪，1991年起便任职于LG电子，一直升到董事长一职，在职期间为LG电子的事业发展做出了巨大贡献。

"我相信我的孩子，但多少还是会有留恋。他们都超常发挥了自己的能力，担心公司分离出去后会对他们造成伤害。"具泰会表达了自己的担忧，但最后孩子们还是表示会尊重父亲的意思。

具泰会是LG集团创始人具仁会的四弟，1950年毕业于首尔大学政治系，随后进入LG集团工作。

朝鲜战争前后，韩国内需市场被美军占领。具仁会计划制作奶油，与大学时期学习过奶油制造技术的具泰会联手，在短时间内提供了庞大的供应源。

好事多磨，产品上的问题接踵而来。首先是购买奶油的批发商向LG集团抗议，称奶油筒上的盖子受损，无法贩卖。当时应批发商要求，LG集团更换了一批奶油产品，但一句"连盖子都做不好"的批评也暴露出韩国制造业的脆弱现实，再次让LG集团领导班子感到压力。

后来，具家两兄弟在美军产品上发现了塑料这一材质。当时韩国还没有一家生产塑料的制造商。通过多轮试验与学习，最终成功投产，第一个产品是名为"ORIENTAL"的塑料梳子，之后开发出塑料瓶盖及其他产品。

具仁会生前曾对弟弟具泰会称，他自己的预知能力能够正常发挥还要多亏具泰会对事件的解读能力。一句话体现出具泰会在事件分析上依靠学识行动的能力。

1962成立的LS电缆，开发、生产和提供了从日常生活到产业整体使用的电缆和相关解决方案，为构筑韩国和世界各国的电力网和通信网做出了贡献。该企业以革新的技术力为基础，提供各产业用的特殊电缆和产业材料，成为产业和经济发展的坚实后

盾。目前，该企业向北美和南美、欧洲、中东、亚洲等世界各地的主要重型电机企业、通信公司等提供海底电缆、超导电缆、超高压电缆、通信电缆等尖端产品，已是名副其实的引领世界产业发展的全球先锋企业。

韩国企业家 100人
100言

赵洋来

韩泰轮胎会长

35

成功的秘诀就是员工万众一心
——赵洋来

"员工依靠万众一心的力量在朝鲜战争时期守护了永登浦工厂,成为20世纪80年代初抵制美国倾销诉讼的基础。"韩泰轮胎会长赵洋来1998年在某媒体的采访中强调员工对公司成长的重要性时这样强调。

作为晓星集团创始人赵洪济的次子以及晓星集团会长赵锡来的弟弟,赵洋来从父亲处继承了韩泰轮胎产业,并将其独立出来。1969年,赵洋来进入韩泰轮胎工作,彼时正是晓星集团从政府手中接收韩泰轮胎的第七年。

当时韩泰轮胎被扣上"亏损企业"的帽子,陷入发展危机,在成为晓星集团的一员后,赵洪济通过积极投资并推出轿车品牌"Corona",正式开启了汽车时代,促进了韩泰轮胎的成长。

其后,赵洋来又通过向轮胎专家请教,学习到很多知识和技术,并将韩泰轮胎打造为韩国第一、世界第七的轮胎企业。

关于自己的轮胎哲学,赵洋来说道:"韩泰轮胎的竞争力源泉,用一句话来概括就是'物美价廉'。轮胎产业只有在融合了资本、尖端技术与操作熟练的制造人力后,才能产生自己的竞争力。"

韩国企业家 100人 100言

1981年赵洋来升任会长后，将经营事宜交付给子女及专业的经营者。他相信，和作为老板的自己相比，专业的经营者能够更好地经营公司。

2012年韩泰轮胎通过企业分割重回经营一线，但赵洋来坚信"右手做的事情左手不会做"的信条，尽可能地不去干预经营，但他却能将韩泰轮胎生产的所有产品的种类及价格铭记于心。

在回应轮胎价格是否太贵的疑问时，赵洋来表示："你认为装上一次就可以跑10万千米的轮胎和穿不到1年就坏的运动鞋哪个更贵呢？"

赵洋来努力地想改变消费者对外国产轮胎的追捧意识，他说"国产轮胎不但在质量上不逊于外国轮胎，价格也要便宜40%以上。因此，尽管国产产品在外国十分受欢迎，但消费者仍然有偏向外国产品的倾向，这种思维不是一两天能改变的。"

另外，赵洋来还坚持"利润三分"的经营哲学，即把利润分为三份，其中两份分给员工和股东，剩下一份重新投资到企业经营中。韩泰轮胎一直延续着将销售额的5%用于企业研发（R&D）

35 成功的秘诀就是员工万众一心——赵洋来

的传统。

1996年国际货币基金组织（IMF）爆发外汇危机前，赵洋来将韩国传统的互助理念引入企业生产，推行"互助生产方式"，改变了部门间封闭利己的情况，促进了生产交流，减少了产品不良率。该方式后来更被认为是最有韩国特色的生产方式。

韩国企业家 100人
100言

郑梦进

KCC 集团董事长

36

坚决不碰未知领域

——郑梦进

"坚决不碰未知领域。开拓新的事业通常需要 5~7 年时间。KCC 集团考虑开辟有机硅产业时足足花了 10 年时间。"郑梦进如是说。

2004 年，金刚高丽化学集团（KCC 集团）董事长郑梦进在韩国成功推进首例硅商业化生产后，投入了大量准备时间才决定进入硅产业。

郑梦进是韩国现代集团创始人郑周永最小胞弟郑相永的儿子，在攻读完经营学硕士学位后，1991 年以高丽化学（现在的 KCC 集团）的理事身份进入公司工作，1998 年成为 KCC 集团副董事长，并在 2000 年升为集团董事长。

KCC 集团从现代集团中分离出来后，当年的名誉董事长郑相永一直坚持独资开发路线。郑相永在 1958 年设立了 KCC 集团的前身——金刚石板瓦工业株式会社，开始创办涂料和玻璃产业。之后，郑相永不断集中发展涂料和建材方面的事业：1974 年高丽化学公司成立，进而在 1989 年成立了金刚综合建设公司，最后于 1996 年成立了金刚化学株式会社。

目前，KCC 集团已成为韩国最大的涂料和建材生产企业，行业排名亚洲第三和世界第九，产品广泛运用于汽车、船舶、集装箱、工业、彩钢和建筑等行业，涂料年产量达 15 万吨，合成树脂年产量达 40 万吨，员工总数 5 000 余人。KCC 在韩国国内有 13 家工厂和一个建筑公司，其中在蔚山的工厂规模位居世界同类工厂第一；还在中国、新加坡、马来西亚分别设有独资企业；同时在美洲和欧洲设有来料加工企业。

KCC 集团进入硅产业的契机恰好是 2000 年郑相永将经营权移交给郑梦进的时候。2004 年，首例硅商业化生产取得成功后，郑梦进当场表示要在未来 50 年内将硅制造发展成为 KCC 集团最大的支柱产业，并使集团成为全球四大硅制造商之一。

从 2006 年起，郑梦进开始研发基于硅材料的派生产品，如化妆品用硅，供应给国内外化妆品企业。据推算，KCC 集团在年销售额高达 1.3 万亿韩元的全球化妆品用硅市场上位居

36 坚决不碰未知领域——郑梦进

第五。在韩流旋风的推动下,KCC集团的制硅产业前景越发向好。郑梦进表示,油价持续上升时,硅将取代石化产品在市场上的地位。他认为韩国自然资源匮乏,应集中培养基于硅的精密化学产业。

韩国企业家 100人
100言

李在镕

三星电子副会长

再改变一次吧

——李在镕

"现在是需要再次改变的时代,十分需要各位的努力。为了实现'百年三星',请再改变一次吧。"2014年1月20日晚,三星电子副会长李在镕在首尔新罗酒店举行的三星集团新任高管夫妇邀请晚宴上强调道。其父三星电子会长李健熙于1993年6月7日在德国法兰克福发表《新经营宣言》时,也曾强调"变化和实际行动"。

如今看来,当年李在镕的发言或许也预示了日后三星大刀阔斧的改革。从2014年到现在,三星集团一直在促进史上最大规模的事业结构改编,这场改编的灵魂正是李在镕。和李健熙发展所有子公司的方式不同,在李在镕"选择与集中"的原则下,业绩再优秀的子公司如果不再具有竞争优势,那么将会出现在出售名单上。

李在镕对周围人说:"将化学军工类子公司出售给那些想以此发展为核心事业的企业,对于员工来说,也是好事。"

另外,李在镕一向对不必要的规矩敬而远之。他去除所有的礼宾程序,出差时也没有人员陪同。当有紧急问题发生时,他通常选择发手机短信的方式而不是邮件,也通常以"就这样做吧"

的短句方式签字。李在镕一贯认为："集中于业务的时间尚且不足，没有必要纠缠于与核心业务无关的表面文章。这些东西应该首先由我来废除。"因此，他的领导方式也被评价为"追求实际型"。

李在镕从不向经营团队和职员推卸责任，总是首先提出解决方法。他认为："如果有需要承担责任的事情，应该由我先道歉。"

2015年三星首尔医院成为中东呼吸综合征（MERS）疫情传播点的事件造成巨大影响，当年6月，李在镕亲自在国民面前低头谢罪："给国民带来了非常大的痛苦和担忧。（我们）将紧密协助相关当局，全力以赴及早处理MERS疫情。事态平息后，将对医院进行全面的革新。"

作为三星集团创始人李秉喆的孙子、会长李健熙的长子，引领三星集团未来发展的李在镕毕业于首尔大学，后又在日本庆应大学及哈佛大学商学院攻读经营学博士。

37 再改变一次吧——李在镕

　　李在镕1991年进入三星电子总务组工作，2001年及2003年历任经营企划组常务助理及三星电子经营企划组常务，2007年开始担任三星电子全球客户总负责人，2009年升任副社长，2012年年底开始接任副会长一职。

韩国企业家 100人 100言

郑义宣

现代汽车副董事长

38

安于现状并非现代汽车精神

——郑义宣

"为了这一天,我等了十年。捷恩斯品牌是现代汽车一个新的出发点,也将成为现代汽车再次飞跃的契机。安于现状并非现代汽车的精神,在一次大的变化前,总有预想不到的困难会出现,但只要临危不乱,稳住大局,就能进入世界豪车之列。"这是现代汽车副董事长郑义宣的一番话。

2015年11月4日,在现代汽车豪车系列品牌"捷恩斯"发布会上,郑义宣谈到了现代汽车集团的核心精神——挑战,这源于现代汽车名誉董事长郑周永的事业精神。

郑义宣称,带着自信以满腔热情去打造一辆优秀的车,正是现代汽车的精神所在。这关系到"质量经营"的问题。郑义宣常常提到的词便是"品质",比其父亲——现代汽车集团董事长郑梦九更执着于品质问题。

郑义宣曾说过,现代汽车最大的挑战是从品质提升带动竞争力提升。品牌形象要加强的同时,品质也要完美提升。这种信念的产物正是"捷恩斯"。郑义宣将该品牌称为"现代高端"品牌。

郑义宣表示,人们都希望去表现自己,并且希望节约时间与精力去把握最好的东西。对于汽车来说,越开越满意、具有实用性的车型才能满足消费者的需要。

2015年11月4日，现代汽车宣布将旗下所有高档轿车品牌统一为"捷恩斯"，向梅赛德斯奔驰、宝马等豪车正式宣战，这是韩国汽车业渴望占领国际市场的又一大举措。

据了解，现代捷恩斯的品牌理念为"以人为本的奢华"（Human-centered Luxury），不仅考虑到人体工学的舒适感、安全性，还配以高贵优雅的设计，给人一种动感十足的驾车体验。未来捷恩斯品牌的型号将以英文字母"G"为主打，后面跟上一连串数字，如即将在不久之后问世的大型豪华三排轿车"G90"，前身为现代高端品牌雅科仕（Equus）。此外，为将捷恩斯成功推向国际市场，现代宣布截至2020年将生产并销售6款高档轿车。

实际上现代汽车自1967年成立以来，自主推出过许多系列品牌，但无奈"现代"名号过响，旗下其他品牌难脱离其光环而自成一派。

现代汽车最早于2004年开发第一代捷恩斯轿车时，已制订计

38 安于现状并非现代汽车精神——郑义宣

划在 2008 年推出以该品牌为主打的高档轿车,但因当年爆发的金融危机而使计划一度搁浅。第一代轿车面市后,现代汽车大举改善成车制造环境,并将研发人员送往欧洲等地去感受豪车文化,寻找灵感。2013 年 11 月,第二代捷恩斯问世,力助现代汽车在美国市场上与宝马等豪车竞争,为现代汽车创下骄人成绩。

韩国企业家 100人
100言

赵东吉

Hansol 集团董事长

39

内部稳定为上策

——赵东吉

韩国 Hansol 集团董事长赵东吉于 2009 年 9 月在接受一家媒体采访时曾说:"内部稳定是最优先的。"

赵东吉 2002 年接手 Hansol 集团就任董事长一职后,持续对公司进行大刀阔斧的改革。

Hansol 集团的前身是 1965 年三星集团创始人李秉喆收购新韩造纸公司后成立的全州造纸。1991 年李秉喆之女将该块业务从集团划出去,成立了 Hansol Paper 造纸公司。在脱离母体后,Hansol Paper 得以在金融、科技领域大展拳脚,成功进入韩国十大企业之列。当年的 Hansol Paper 是韩国最大的造纸公司,年营业额近 12 亿美元,产品覆盖打印用纸、包装用纸和工业用纸等多个领域。

但高速发展也给 Hansol 集团带来负面影响。金融危机过后,集团受到打击。Hansol 集团卖掉了好不容易培养起来的子公司,其中最可惜的要数报业用纸公司。

"花了 30 年培养的核心事业,同时也是收益最好的报业用纸,当年卖掉时集团还受到了很大冲击。不过因此获得了十亿美元融资,这是当时韩国企业获得海外投资的最大一笔,这笔钱让

Hansol 化解了流动性危机。"赵东吉总结道。

经历过如骨肉分割般的企业重组后,赵东吉得到的教训是:必须要先确保公司内部稳定。

赵东吉称,开展新事业或是并购公司时,应该要事先调查判断新公司是否能在该市场占据第一或第二的位置,或是有无差别化的技术优势。

赵东吉还表示,首席执行官(CEO)需要对新事业百分之百了解,否则干脆转交给专业经营人士去打理。一知半解的状态在商业中最危险。

赵东吉认为,评价企业的尺度不在于大小而在于收益。顾客感受到的价值要超过商品价格本身,而价格也要高于所需成本。

赵东吉所率领的 Hansol 集团坚持定期重组的原则。低收益

产业的重组、最大限度提高运作效率、加强现有事业的竞争力是该集团的三大目标。"所有子公司和事业部门在3年内无法创收回本，将自行考虑重组。"赵东吉这样要求。

韩国企业家 100人
100言

郑寿昌

前斗山集团会长

40

人才即是财产

——郑寿昌

"人才即是财产。"前斗山集团会长郑寿昌生前一直强调应对人才进行持续投资,"改善企业、劳动者和政府等经济主体的意识结构,可以让我们相对较快地进入发达国家行列。"

郑寿昌在韩国财界开启了职业经理人时代,具有重要意义。1945年10月13日,年仅26岁,个头不大却霸气满满的郑寿昌以普通职员的身份进入昭和麒麟啤酒(即东洋啤酒,现OB啤酒前身)会计科工作。

斗山集团创始人朴斗秉时任昭和麒麟啤酒的管理经理,拜托当时京城高商(首尔大学经营学院前身)的教授李仁基(音译)推荐年轻的有识之士,就这样,郑寿昌在李仁基的推荐下见到了朴斗秉。

从京城高商毕业后,郑寿昌在当时中国东北的兴业银行任职员。他从小英语就很突出,进入银行后,凭借出色的英语能力在美国军政和韩国民间组织共同经营的机构中担当起了翻译的重要角色。

朴斗秉看着对自身极为了解且兼备业务能力的郑寿昌,心中暗暗将其当作自己事业的继承人,令其学习经营课程。其后,郑

韩国企业家 100人 100言

寿昌不负厚望，进入公司 7 年后升任东洋啤酒的常务，通过自主开发酿造技术和启动麦芽工厂等，与朴斗秉一道，令朝鲜战争后几乎变为一片废墟的东洋啤酒厂重获新生。

但升任专务两年后的 1965 年，郑寿昌却忽然辞职，跳槽到三星集团的子公司新韩造纸工作。后来，郑寿昌在谈及这段经历时透露说："这是因为朴斗秉会长的经营很保守，作为职业经理人，在他下面做事发展受限。"

1967 年，朴斗秉成为大韩商会会长后决定退出经营一线。当时，他表示将践行"资本与经营分离"原则，并将公司交付给郑寿昌。当时已经是三星物产社长的郑寿昌在接到朴斗秉抛出的橄榄枝后也决心回归。

1969 年 12 月 15 日，郑寿昌就任东洋啤酒社长，朴斗秉作为会长退出经营一线。当日，韩国财界的首位职业经理人 CEO 诞生了。

1973 年，朴斗秉因肺癌辞世，郑寿昌继任会长。生前，朴斗

秉对其说道："我已经选定你作为下一任会长，将来接任你的社长由你来决定，不必揣度我的意思。"

此后10余年间，郑寿昌一直任斗山集团会长，1981年让位给朴斗秉的长子朴容昆。但1991年，斗山集团因苯酚泄漏事件迎来了史上最大的危机，郑寿昌当仁不让，作为元老重新出山带领集团走出困境，其精神与能力得到了集团一致肯定。

韩国企业家 100人
100言

姜丙中

耐克森轮胎董事长

41

善于判断产业成败而非仅立足于公司
——姜丙中

"企业家需要做出选择与判断。做出判断的过程必须要慎重,一旦决定了,就要积极去推进。这个时候不应仅仅是从一个公司的立场出发,而是要在对整体产业的动向与未来前景有把握的前提下做出判断。"韩国耐克森(NEXEN)轮胎董事长姜丙中如此评价自己的经营哲学。

2012年10月,在庆尚南道新工厂的竣工仪式上,姜丙中称,截至2018年将投入共1.2万亿韩元的投资,持续增设工厂。投资额比公司销售额要大,但这是公司定的目标,因此会努力推进下去。

韩国耐克森轮胎是韩国三大轮胎生产商之一,总部设在韩国庆尚南道梁山市。会长姜丙中先生,是韩国釜山工商会议所会长。

成立于1942年的耐克森轮胎于1956年成功生产出韩国最早的汽车用轮胎,也成功生产了韩国最早的"60 Series"V字形轮胎,在轮胎生产上积累了70多年的实际经验和技术,是韩国久负盛名的本土企业。耐克森轮胎凭借着不懈的努力在韩国轮胎业界不断发展壮大,在韩国家用轿车市场中占有率提高到30%以上,在全球120个国家拥有250个行销商。

姜丙中说:"将生产设备运到国外可以从低廉的地价和人工成本中获益,但长期来看,在国内生产更为有利。另外,要把高增值产品推向世界市场上的话,需要保证品质和价格竞争力,这也是提亮韩国国家品牌的重要契机。'韩国制造'不仅是张名片,也将对韩国国内就业环境和制造业发展做出贡献。这对我来说是一种使命。"

1939年出生于韩国庆尚南道的姜丙中,由于家境贫寒,就读高中和大学的学费都得靠自己挣。1967年,姜丙中创立货物运输公司,从日本和美国进口废车进行改装转销,并开始生产轮胎。1999年,姜丙中做出决定,收购了在外汇危机中倒闭的友成(音

41 善于判断产业成败而非仅立足于公司——姜丙中

译)轮胎,并坚持在该领域打拼,最后将商标改成耐克森,并在之后的10年内年销售额超过万亿韩元,进入高速发展期,成功在轮胎市场上立稳了脚跟。

韩国企业家 100人 100言

蔡亨硕

爱敬集团副会长

42

拥有忍受黑暗漫长隧道时光的
持久力才能成功

——蔡亨硕

"不管有多高的天赋和能力,没有经过一段困难的时期是无法随便成功的。不管是企业还是个人,为了成功,能够忍受黑暗漫长隧道时光的持久力非常重要。"爱敬集团总括①副会长蔡亨硕谈及将济州航空发展为韩国三大航空公司的原动力时说道。

2006年,济州航空航班首次飞行之前,韩国航空及旅游业界有不少声音质疑其能否成功。此前,首次采用低价航空公司(LCC)理念,较济州航空早一年运营的某航空公司最终未能顶住压力,爆发了安全及停航等方面的事故。

曾以石油化学、流通为主力产业的爱敬集团进军毫无经验的航空业是否能够成功引起了广泛的质疑。但蔡亨硕坚信LCC事业成功的可能性,并为实现它做了长足的准备。

他说:"很久以前,我就在关注欧洲及美国低价航空公司的成功案例。尽管韩国国土面积较小,但应该有一个这类的航空公司,我认为应该以济州为基础。"蔡亨硕确信LCC事业一定能成

---

① 总括的意思大体是指负责公司整体业务的岗位。

功:"如何看待和解读事业的价值左右了成败。爱敬的潜力就是有一双能准确定位价值的眼睛和付诸实践的能力。"

蔡亨硕认为,过去10余年间,济州航空并不只是单纯的价格比别人低,而是成为区别于大型航空公司的为顾客提供新价值的"另一种航空公司"。虽然济州航空通过价格竞争力吸引了大批航空旅客,但蔡亨硕经常对员工说:"济州航空不是在和大型航空公司竞争,而是站在双赢的立场创造新的事业。"

2016年济州航空迎来金浦—济州航线运营10周年。该航线的年运送旅客量从运营首年的18.7万人增至次年的63.8万人,2010年首次突破100万人。随后在2014年突破200万人后,又于2015年创造了246.3万人的新高,以年均约33%的涨幅急速增长。进入2016年以来,截至5月底,该航线乘客已达103.3万人,较上年同期(98.2万人)约增长5.2%。目前,济州航空已超越LCC的界线,其水平堪与大韩航空及韩亚航空一决高下。

2015年中东呼吸综合征(MERS)席卷朝鲜半岛,韩国经济遭受了不小的打击。2015年6月,蔡亨硕在高管会议上强调:

42 拥有忍受黑暗漫长隧道时光的持久力才能成功——蔡亨硕

"虽然济州航空和航空业界都因MERS而陷入危机,但是我们该做的事是克服它,并将它转化成一次新的飞跃。"

目前,蔡亨硕还积极发展旅行社、酒店及租车等业务,逐渐将济州航空打造成为为顾客提供综合旅游服务的企业。

韩国企业家 100人 100言

文奎荣

AJU 集团董事长

43

挑战后的失败也是种幸福

——文奎荣

"喜欢挑战,即使失败也感到幸福。这次不行,就当作是为下次做准备。"韩国 AJU 集团董事长文奎荣如是说。他常常强调,活着的每一天都要带着对挑战的热情。这与他的父亲——AJU 集团创始人文泰埈的创业理念一脉相承。

文奎荣将 AJU 集团的历史概括为"革新的历史"。从木头到混凝土,再到公寓等楼宇的建材,所有的一切都始于 AJU 集团。永远站在明天的角度上去看待发展,挑战未来并获得成功,这是 AJU 集团的发展之道。

1986 年,文奎荣进入 AJU 集团仅 3 年的时候,没有满足于既有事业,而是开拓了新领域。他率领团队建立了上凤客运站,收购了麻浦西桥酒店等。文奎荣所构想的新事业多达 500 个以上。无奈当时的产业规制过于死板,加上金融业并不发达,难以出手并购其他企业,这让文奎荣在发展事业上犯了难。

但机会往往给予做足准备的人。在韩国遭遇外汇危机时,文奎荣赢得了新一轮机遇。许多企业在这场金融风暴中为求生存不得不大刀阔斧进行重组,一直以来因规制过多难以发展新事业而选择资本储备的 AJU 集团迎来了机会。当时文奎荣率领公司打进产业设备租赁领域,之后再拿下租车市场,并收购了一家金融管理机构,终于成就了今日的 AJU 资本管理公司。

文奎荣认为传承是一种美德,他常说,若是自己再为事业的发展提速 0.1 秒,下一个继承事业的掌门人的负担将会相应变轻,因此文奎荣常感到责任重大。

文奎荣认为,企业掌门人和首席执行官(CEO)在对待事业的发展前景上观点有差别。CEO 常常会基于现状考虑问题,而掌门人的目光将会更长远,更具可持续发展性。因此,一个有远见的企业掌门人,决定了企业的生命。

43 挑战后的失败也是种幸福——文奎荣

为此,文奎荣也在不断地学习,争取不为日后所做的决定而后悔。他认为"书中自有黄金屋",经验需要借鉴,个人独创的经营秘诀自然是好,但未必能够长远地运用。

韩国企业家 100人
100言

具滋烈

LS 集团董事长

44

做一个色彩分明的领导人

——具滋烈

"请做一个色彩分明的领导人。"这是韩国 LS 集团会长（董事长）具滋烈在 2014 年 2 月 16 日，邀请 12 名新任公司高层共进晚餐时说的一句话。

具滋烈嘱咐道，公司高层与普通员工需求有别，要在自己的领域兼备至高无上的实力及分明的"色彩"。具滋烈曾说，"色彩"鲜明且带有积极性的话，整个团队将会体现出一种精神。若将所拥有的知识与多样的"色彩"相结合，将会为组织带来庞大的协同效应。

具滋烈从首尔高中和高丽大学经营学系毕业后就进入家族企业工作。他先后从事过 LG 投资证券、LG 电线等公司的高层工作，并于 2013 年 1 月担任 LS 集团董事长一职。

不同于较为保守的家风，具滋烈对外十分活跃且积极，担任过不少组织与机构的要职。富有挑战精神的具滋烈从小喜爱骑自行车，2002 年曾骑车穿越阿尔卑斯山脉，还从德国直闯意大利。

具滋烈所掌管的韩国 LS 集团前身为著名的韩国 LG 电线电缆集团。2003 年 LG 集团的电缆及金属部门独立，成立了 LS 集团。当时的 LS 集团销售规模不足 8 万亿韩元，尚不成气候。近几年来通过快速的并购，截至 2012 年年底，LS 集团已下辖 90 多家子公司，成为销售规模达 29 万亿韩元的大企业集团。其中，LS 电缆作为其子公司，成功引入北美最大电缆公司 SPSX 的先进技术，拥有遍布世界 23 个国家的 100 多个联络点，业务涉及超高压、超电导、海底电缆、海洋、船舶、风力、铁道车辆用电缆系统集成（System Integration，SI）解决方案等。LS 集团著名的子公司还有 LS-Nikko 铜冶炼，这是韩国唯一一所世界排名前三的铜冶炼企业。

然而从 2013 年起，公司遭遇发展瓶颈，销售额连年缩水。基于此，具滋烈提出"选择与集中"的口号，果敢合并子公司，并出售股份，大刀阔斧对既有事业进行重组，形成了超高压、海底电缆、电力器具及系统、电子零部件等核心产业群。

44 做一个色彩分明的领导人——具滋烈

具滋烈表示,不是单纯地按部就班研究开发,而是要加速产业推进以创造出更大的价值;成功与否皆在于能否先发制人。

韩国企业家 100人 100言

具光谟

LG 集团董事长

45

继承和发展前任董事长的经营理念
——具光谟

"在继承前任董事长经营方向的基础上，对企业的经营战略进行不断改善和发展。"这是 LG 新任董事长具光谟 2018 年 7 月上任第一天在集团告示板上留下的话。这句话表达了他继承前任董事长经营战略的意志，同时也展示了他在这个基础上为适应未来变化而进行革新的决心。

之后，具光谟一直在遵守这个诺言，不断为集团的改革尽心尽力。其中最具有代表性的就是他在确保企业人才方面做出的努力。

前任 LG 董事长具本茂曾经说过，"人才""创造收益""先进的经营方式"都是未来引领企业走向成功的机会。具光谟切实将前任董事长的这一理念落实到了实处。

2018 年 8 月，LG 电子在加拿大多伦多建立了人工智能（AI）研究所，招募了大量当地人工智能领域的人才。这是 LG 电子首个在海外的 AI 研究所。据了解，该研究所近期已经投入使用。LG 希望在未来利用该研究所完成更多的科研课题，为企业创造更多的价值。

此外，具光谟也将眼光落到了第四次产业革命中与 AI 比肩的机器人领域。LG 电子代表理事、副董事长赵成珍 8 月出席了在德国柏林举行的"2018 年柏林国际消费电子展（IFA）"，并在现场举行的恳谈会上表示，LG 今年将会在机器人领域投入更多的人力和资源。

对前沿科技不断开发和探索一直是 LG 不懈的追求。为确保核心技术领先以及保持竞争力，2018 年 9 月，具光谟亲自前往位于首尔麻谷的 LG 科学公园进行现场工作指导，该公园被誉为"研究和开发的圣地麦加"。具光谟在现场参观了 LG 电子、LG Display 生产的汽车激光头灯、曲面 OLED（有机发光二极管）等产品。此外，他也和 LG 的高层对如何开展 AI、大数据、AR（增强现实技术）、VR（虚拟现实技术）等研究的方案进行了探讨。

具光谟表示，科学公园是 LG 为迎接第四次产业革命而进行核心技术开发和研究的圣地，未来它的价值还会不断提高。他承

45 继承和发展前任董事长的经营理念——具光谟

诺,自己也会像前任董事长一样,持续不断地关注科学公园的发展,努力让最优秀的人才在最先进的研究环境中工作,帮助他们取得最先进的科学成果。他强调,为了实现这个目标,他将不遗余力。

具光谟毕业于美国罗切斯特理工学院,于2006年进入LG财经金融组工作,担任代理;2007年升任科长,并于同年前往美国斯坦福大学就读MBA;2009年12月进入位于美国新泽西的公司工作;2015年升任LG常务。

2018年5月,时任LG董事长的具本茂去世;6月,具光谟正式出任LG集团董事长,开启了LG第四代经营的时代。

韩国企业家 100人
100言

具本俊

LG 集团副董事长

46

越困难越应相信内部力量

——具本俊

"越困难的时候,越应该相信隐藏在我们内部的力量。"韩国LG(乐金)集团副董事长具本俊常常强调,不应否定每个员工的潜力,警惕画地为牢的行为。

具本俊表示,我们不能忽视隐藏在内部的力量。来自不同领域、背景的专业人才在共享各自的想法时,往往推动革新的可能性更大。求同存异,鼓励创意,公司的未来才有竞争力。具本俊称,如果现在还存在"自己的事情""自己的部门"等组织文化的话,那么这种观念要摒除。我们的着眼点不应是个体,好比一棵树、一棵草,而应是整片森林。

具本俊为了拯救乐金电子的手机事业,找回昔日乐金手机王国的荣耀,2010年10月1日起开始担任乐金电子CEO,并展开一连串攻击式投资与改革。具本俊强调先行投资与研发的重要性,乐金电子研发经费开始一路飙升。

具本俊为乐金集团会长具本茂的胞弟,不过两人个性差异颇大:具本茂作风较温和,而具本俊就任乐金电子CEO后,则以对待属下严厉而闻名。

具本俊上任后不断强调"基本"二字,表示应在包括研发、生产、质量与竞争力等手机制造上练好基本功。他视察所有韩国事业单位及海外主要据点，对员工耳提面命，强调乐金电子应该变得更具侵略性及竞争意识。具本俊曾在2011年年初批评制造的"基本"已经倒下，并开始主导力度相当大的改革，以减少支出为理由，将原本外包的金属模具制作部门另外成立金属模具中心，以便直接进行制造。这可说是具本俊改革制造方式中最具代表性的案例。

具本俊认为，如果金属模具没有竞争力，也就没有办法制造出好的设计产品。此外，虽然智能型手机的时代来临，但乐金电子的软件竞争力一直没办法跟上，所以之后他设计了软件人才培育制度。

尽管具本俊刚上任时的强硬作风曾招致不少批评与疑虑，认为具本俊将损害乐金电子好不容易建立起的职业经理人经营模式。不过时至今日可以发现，乐金电子其实并未放弃职业经理人经营模式，只是与此同时导入更为严格的成果评价制度，而具本

46 越困难越应相信内部力量——具本俊

俊也成为让乐金电子手机事业起死回生的最大功臣。

具本俊最反感的一句话是:"下次做好。"具本俊希望公司职员也像他一样,不要拐弯抹角,而是要找到原因,提出对策。

韩国企业家 100人 100言

崔信源

SK 网络会长

47

领导力中，谁先插上旗帜很重要
——崔信源

"领导力中，谁先插上旗帜很重要。"作为企业家，SK网络会长崔信源这样定义领导力。所谓旗帜，意即"以身作则"。

崔信源常说："任何公司发展得好与不好都取决于会长。"2012年，他在京畿道坡州亲自帮助职员们腌制了5 000棵过冬的泡菜，从开始到结束，都和其他所有职员一样亲力亲为，并没有因为自己是会长就只去合影留念，当"甩手掌柜"。

1952年3月出生于京畿道水原的崔信源是鲜京集团（现SK集团）创始人崔舜健的次子，SK集团会长崔泰源的表弟，从庆熙大学经营学院毕业并进一步获得高丽大学硕士学位后进入鲜京工业（现SK化学）工作，其后历任鲜京专务及副社长、SK流通代表理事副会长，后升任SKC会长。2016年出任与SK集团同根同源的SK网络内部董事，时隔19年重回SK网络经营公司。

2016年4月7日上午，崔信源在SK网络本部大厅中放置的父亲铜像前行大礼默哀，随后走楼梯从1楼上到18楼，与全体职员握手，完成首次相见。在食堂与职员们吃午饭时，他激励大家："重拾以开拓和挑战精神为代表的创业精神，打造将不可能变为可能的企业文化。"

韩国企业家 100人 100言

崔信源的导师正是父亲崔舜健,他继承了父亲"挑战和热情"的创业精神,将它看作自己应恪尽的为人子女的本分,同时也将其作为企业家的宿命。

崔信源曾说:"创业的困难无法一一言说。但不管怎样,还是应该亲自去解决各种棘手的问题。就像吃饭时如果没有勺子就用筷子,没有筷子就用手一样,一点点去解决问题。"他回忆说:"先父在SK创业时也经历了无数艰辛,在战争后的一片废墟中挑战自我。那时父亲没有钱,也没有完整的设备,从无做到有。在经济严重不景气时,甚至有过超过半年没有给职员发工资。这种时候只能用多种多样的新产品来克服困难。尽管如此,父亲仍然充满了自信,他经常说'如果说三星有李秉喆,那么鲜京就有崔舜健',正是这种热情铸造了今天的SK集团。"

2000年崔信源就任SKC代表理事会会长时,公司正深陷外汇危机的余波中。主导产业录像带等媒体事业发展遭遇瓶颈,迫切需要向外拓展,并在财务上寻找突破口。

在这种情况下,崔信源开始了高强度的结构调整,清理了收

47 领导力中,谁先插上旗帜很重要——崔信源

益低下的业务,扩大了化学及胶片事业,后来又逐渐将公司发展成 IT 原材料零部件企业,使公司起死回生。这其中,崔信源的领导力经营发挥了重要作用。他将职员看作自己的家人,赢得了他们的心,共同推动了公司发展。

韩国企业家 100人 100言

张相泰

东国制钢会长

48

投资个人的热情
——张相泰

"在投资时,不只要投资过去的经验和积累的诀窍,还要有个人的热情。"东国制钢集团会长张相泰1995年在浦项建设总部对职员们这样说道。

他说:"投资时,要肩负着为公做事的使命感。从设备、生产、建设到营业,只有用自己的手亲自去做才能成为经验。"

张相泰生前经常对周边的人表示:"我是对铁疯狂的人!"以"从针到船,眼光绝不放在铁以外的东西上"为信条的张相泰在他73年的人生中,将自己的一切都献给了东国制钢。

1927年出生的张相泰从首尔农业大学毕业后进入农林部开始了公职生活,随后又远赴美国密歇根州立大学留学,并取得了硕士学位。1956年,为了帮助父亲张庆浩创立的东国制钢集团发展,时年29岁的他进入公司任专务,其后于1964年就任代表董事。

浦项制铁公司创始人朴泰俊在建设浦项制铁所时,从生产钢铁的基础问题,到钢铁产品的供应销售,出现困惑时都立刻向张相泰询问,同岁又同乡的二人渐渐成为一生的挚友。

尽管东国制钢是张庆浩创立的,但它实际上的发展是张相泰推动的。当时韩国政府积极扶持培养重化学工业，1971 年 2 月，东国制钢在国内企业中最先开始了厚板项目。

20 世纪 80 年代，东国制钢投资超过 1 万亿韩元，将釜山制钢所搬到浦项。尽管内部反对声音高涨，但张相泰仍坚持认为"今后造船产业等将会有发展空间，必须要提前准备"。就这样，浦项的一厚板工厂和二厚板工厂分别在 1991 年和 1998 年竣工，拥有年产量 250 万吨的生产能力。

二厚板工厂建设时，国际货币基金组织（IMF）爆发的外汇危机加重了东国制钢的经营困难。当时，张相泰激励员工道："我们正在建设的新工厂关乎东国制钢的未来。建设工厂时如果钱不够，就算是将老婆的戒指卖掉也要继续建！"然而，张相泰最终仍未能看到浦项制钢所的完工，于 2000 年 4 月 4 日溘然长逝。

如他曾预想的那般，韩国造船业迎来了发展的春天，1994 年销售额仅 9 000 亿韩元的东国制钢 2008 年的销售额已增长到 5.6

48 投资个人的热情——张相泰

万亿韩元。

  曾梦想将集团打造为首屈一指的钢铁公司的张相泰1998年在浦项制钢所刻下碑文:"即使最终变成魂魄,也会奔跑回来成为东国制钢的守护神。"这句话,也深深刻在每一个东国制钢员工的心中。

韩国企业家 100人 100言

崔正友

浦项制铁会长

49

以共同发展为理念
——崔正友

    2018年7月起就任浦项制铁集团会长的崔正友可以说是"职场人的神话",在浦项制铁中"非钢铁专业、非首尔大学、非主流"出身的他,从不屈服于现实和逆境,一路走到今天这一步。

    崔正友来自庆尚南道固城郡九万面的一个小乡村,1970年3月才到稍大一点的城市会华面去就读会华中学,而他和浦项制铁的缘分也是从这时开始的。家境虽不太富裕,但他坚持每日昼耕夜诵,放学后也会去山里一边放牛一边看书。崔正友小学6年间一直是全校第一名,因此获得了当时韩国经济企划院长官兼副总理金鹤烈的首席入学奖,并和金鹤烈握手。

    后来他就读于釜山东莱高中,中途曾休过学,之后进入釜山大学专攻经济学,临毕业前进入浦项制铁工作。回忆起和浦项制铁的缘分,崔正友表示,"1983年1月大学毕业前,我便进了浦项制铁工作","还记得看到宣传中心黑白照片中那张熟悉的面孔时心里一热"。当时崔正友看到的正是金鹤烈副总理和前总统朴正熙、浦项名誉会长朴泰俊一同在浦项制铁所竣工仪式上的合影，照片中金鹤烈用曾经向崔正友伸出的那只手按动了浦项制铁所启动仪式上的按钮。

崔正友在浦项制铁期间，曾担任浦项建设经营战略室长、常务，浦项价值经营室长、副社长，浦项 CFO、副社长等。最终凭借着自己的"两本笔记"打动浦项制铁首尔大学金属学出身的主流们并就任会长。面试时，崔正友拿出自己整理的两本笔记，里面写满了浦项未来发展的经营革新方案和战略方案。

而今,崔正友以"With POSCO(共同发展)"为新的经营模式,引导着这家有百年历史的企业走向革新。

韩国企业家 100人 100言

李东灿

可隆集团前名誉会长

50

人靠衣裳马靠鞍

——李东灿

20世纪50年代，韩国还是一片废墟，一切都是因为刚结束日本的侵略又经历战乱造成的。那个时期，人们甚至无法满足衣食住行等日常生活基本需求。看到祖国的惨状，可隆集团前名誉会长李东灿（号牛汀）决心经营与衣食住行相关的制造业，为国家和国民做出贡献。他认为，在沦落为世界最贫穷国家的韩国，要想照看国民的生活，最需要的就是发展与衣食住行相关的制造业。

李东灿和父亲——可隆集团创始人李源万（号五云）一起，选择了帮助人们解决穿衣需求的纺织事业。生前，李东灿回想起当时的情景说："韩国国民衣不蔽体，我怀着让他们穿好衣服、过好日子的想法开始创业。"他还留下一句话："振兴贫困的祖国经济，让衣衫褴褛的国民穿上保暖衣服，这样的工作也是爱国"。当他在国内首次向韩国国民介绍尼龙时，他的这种梦想得以实现。

李东灿作为韩国纤维产业的第一代企业家，与李源万共同成立了国内第一家尼龙生产企业——韩国尼龙株式会社（现可隆集团），从而培育出现在的可隆集团。如他所愿，可隆集团的尼龙温暖并抚慰了严冬里被冻伤折磨的国民身心。而且通过出口纤维赚取外汇,不但带动了韩国的经济增长,还填饱了国民的肚子。

可隆集团的纺织事业彻底改变了韩国女性的生活。过去,由于韩国本土缺乏像样的布料,女性无法从针线活和纺织中脱身。李东灿说:"想到每天晚上做针线活养育我和妹妹的母亲,就期待尼龙的出现能解决这个问题。"随着尼龙的大众化,韩国女性从日夜缝补衣服和熨衣服的劳碌中解放出来。

李东灿在纤维事业领域留下浓重一笔后,20世纪80年代他将事业领域扩大到轮胎圈、胶卷、医疗等相关领域,成功实现了事业的多元化。20世纪90年代,从非纤维类项目到流通业领域,都能看到可隆集团的身影。

李东灿还为建立正确的劳资文化付出了心血。20世纪80年代至90年代,韩国产业界因尖锐的劳资纠纷而经历了动荡时期,并出现了内讧。他曾说:"企业不是我的,而是劳动者生活的根据地和社会公共企业。"他在20世纪80至90年代担任了谁都不愿意担任的韩国经营者总协会会长,长达14年。在任期间,他为理解和反映劳资双方的立场付出了努力。在他的主导下,1989年创立了由5个经济团体参与的经济团体协议会;1990年成立了由劳资双方和公益代表参加的国民经济社会协议会;1993年还与韩国劳动组合总联盟达成社会协议。

鉴于他的贡献,李东灿不仅获得代表企业人最高名誉的金塔产业勋章,还获得体育勋章"白马章"(1982年),及代表个人最高荣誉的国民勋章"木槿花章"和体育勋章"青龙章"(1992年)。1996年退出经营一线后,他作为五云文化财团理事长开展了"活得有意义的世界"等各种社会事业活动。2001 年,他以自己的号设立"牛汀善行奖",发掘善事美德事例。一直到 2014 年他去世之前,李东灿仍亲自出面颁奖,鼓励获奖者。

作为企业家,他曾说过:"想通过生意给国家带来利益,给子孙后代带来丰饶,给职员带来回报。"牛汀实现了这一梦想,他至今仍受到很多人的尊敬。

韩国企业家 100人
100言

徐成焕

爱茉莉太平洋创始人

51

创造美丽，造福人类
——徐成焕

"要创造出只有我们才能创造的美，并与全球沟通。"爱茉莉太平洋创始人徐成焕（号妆源）这样定下了公司的发展方向。爱茉莉太平洋的历史可以追溯到20世纪30年代，当时徐成焕的母亲尹笃贞（音）肩负着全家人的生计，她在1932年投入所有家产，在开城子男山山脚下的油市场内开了一家名为"昌盛商店"的小店铺，卖自己亲手榨的山茶花头油。

之后，尹笃贞开始关注化妆品制造。她用自己开发的方法制造出了民间流传的美容水，此后还制造了面霜、粉等产品，逐步扩大化妆品种类的范围。

1939年从学校毕业后，徐成焕开始向母亲学习经营，1945年9月5日，他建立了韩国首家化妆品制造公司——太平洋化学工业社。

徐成焕总是强调："我们公司源于我的妈妈，是女性培育的企业。"在继承了母亲实用主义精神的基础上，徐成焕建立了自己的经商哲学："用技术和诚意创造美丽与健康，造福人类。"韩国首款自主化妆品"Melody"面霜成为这家强调技术的公司的第一号产品。

韩国企业家 100人 100言

　　徐成焕在朝鲜战争时期也未中断事业。1954年，他在厚岩洞建立了韩国首家化妆品研究室，并于1956年将公司搬至龙山。

　　爱茉莉太平洋还是韩国首家尝试与外国化妆品企业合作的公司。爱茉莉太平洋于1959年不顾政府的反对，和法国化妆品企业科蒂展开了技术合作，所推出的产品"科蒂粉"在市场上大获成功。这开启了韩国化妆品业界与海外企业的技术合作时代。

　　除了不断进行研发、制造品质优良的产品以外，徐成焕还展开了各种营销活动，如发行美容杂志、引入上门推销制度、举办美容讲座、实施按摩服务制度等，打破了国内消费者认为外国产品比韩国产品更好的偏见。

　　每当公司陷入困境的时候，徐成焕都会扪心自问，如果重新开始的话能够做什么？最擅长的又是什么？而结论往往是：如果有来生，还要做化妆品。徐成焕曾经说过："化妆品才是

51 创造美丽，造福人类——徐成焕

我的梦，如果没有化妆品，我的人生将没有任何意义。"这其中包含了他为实现"美丽人类、美丽企业"而不断追求美丽的精神。

韩国企业家 100人
100言

柳一韩

柳韩洋行创始人

52

企业真正的所有者是社会
——柳一韩

　　1971年4月8日,柳韩洋行创始人柳一韩去世一个月,当天公开的他的遗书震动了韩国社会:"除了孙女的教育费1万美元和用于建设可让孩子们玩耍的柳韩花园的用地5 000坪(1坪约等于3.3平方米),我所有的财产都捐赠给韩国社会和教育援助信托基金(现柳韩财团)。"

　　柳一韩对当时在美国的长子留下的最后一句话是:"已经大学毕业了,自立生活吧。"他自己最后所剩的是两套西装和两双鞋。直到现在,柳一韩都被认为是韩国最具社会责任感、最懂得回报社会的企业家。

　　柳一韩捐赠的个人股份达到了柳韩洋行总股份的40%,他一直认为:"企业是为了增进社会利益而存在的机构,企业真正的所有者是社会。"

　　柳一韩1895年出生于平壤,9岁时前往美国留学。他在美国同时兼顾学业和独立运动,从密歇根州立大学毕业后,柳一韩和朋友于1922年创建了生产绿豆芽罐头的企业。

　　1926年,31岁的柳一韩作为成功的青年企业家回到了祖国,然而当时出现在他眼前的却是受到日本殖民支配、因饥饿和疾病而痛苦不已的故土。柳一韩开始思考怎么做才能帮助祖国,最后决定帮助人们找回健康。

1926年12月,柳一韩开设了柳韩洋行,凭借卓越的经营头脑和革新的思路,他将公司发展为当时数一数二的制药企业。1936年,柳韩洋行转换为股份制企业,柳一韩将部分股份以票额价值10%的价格转让给职员,成为首家实践员工分股的韩国公司。

柳一韩强调:"在企业工作的所有人通过企业活动成为一个命运共同体,如果能具备这种意识,那么就会培养出正直健康的利润观、对企业和社会关系的正确认识、对经营者和工作人员关系的正确认识。只有当人们为了社会各自完成在有益的机构内的分内事时,这个社会才能完整。"

韩国光复以后,柳一韩担任了大韩工商会议所的第一任所长,为民族经济的发展做出了贡献。1970年,柳一韩又建立了韩国社会和教育援助信托基金,继续支持社会援助事业的发展。

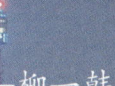

52　企业真正的所有者是社会——柳一韩

　　柳一韩的人生信念是，人死后会留下钱，也会留下名声，但是最值得的是为社会做出一些什么贡献。直到人生的最后一刻，他都在实践这种想法。

韩国企业家 100人
100言

李洋球

东洋集团创始人

53

人拥有综合协调一切的能力
——李洋球

"饼干我来送,货款 15 天后给我就行。"在朝韩分裂之后,一个从咸兴来的年轻人开始了赊账交易。从商人的立场来看,资金可以周转 15 天,是相当诱人的建议,这个年轻人从那天起便开始供应饼干。

这个从靠一辆自行车送货开始一步一个脚印拓展事业的年轻人就是东洋集团创始人李洋球(号瑞南)。他是韩国最早引进赊账交易的人。由于销售战略不同于他人,加上诚实勤勉,瑞南很快便积累了相当多的客源。

瑞南利用 1 年内存下的 600 万韩元创立了东洋食品公社,并在朝鲜战争前将其发展为资本金多达 10 亿韩元的大型企业,但战争爆发之后一切化为乌有。

逃难至釜山的瑞南开始了面砂糖批发事业,由于从 15 岁开始在故乡咸兴为食品批发商跑腿,再加上为人诚实讲信用,因此事业发展相当迅速。

得益于与三星集团创始人李秉喆(号湖岩)的关系,瑞南成为第一家制糖产品的独家经销商。战争之后,随着大家对饼干、咖啡等食品需求的增大,砂糖的需求量也大幅激增。瑞南因此

韩国企业家 100人 100言

设立了"韩国正当销售有限公司",此后事业越发壮大,瑞南也因此被誉为"砂糖王",并于1956年收购丰国制果,并将其更名为"东洋制果"。

主要靠出售砂糖和饼干起家的瑞南于1957年开始着手收购三陟水泥(现东洋水泥)。三陟水泥虽然是当时韩国唯一一家水泥工厂,但由于设备落后无法正常运转,因此不仅需要大量的收购资金,而且需要进行大规模的后续投资,对于民营企业来说危险系数较高。从市场上来看,当时大部分企业从国外进口水泥或接受援助,因此销路并不十分明朗。但是瑞南却认为三陟拥有丰富的资源,可轻松从三陟火力发电获取动力进行大量生产,且海上运输极为便利,只要充分利用这些优势便可以取得成功。

瑞南一直认为"对于企业来说有利于他人、贡献社会是极为重要的",这也是他坚持发展水泥事业的另一原因。瑞南曾经表示:"我经常会从社会整体层面上来考虑有没有可以贡献社会的

53 人拥有综合协调一切的能力——李洋球

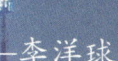

行业。道路、港口以及战后化为废墟的住宅都需要水泥。我会排除万难,即便为此献出一生也绝对不会后悔。"

收购三陟水泥后,瑞南的公司成为首个获得DFL(美国有偿援助)贷款的民间企业,随之开始更换落后设施,增加必要设备。虽然因为行业生产过剩、经济萎缩,也曾遭遇经营窘境,但随着政府推进经济开发计划,水泥需求激增,东洋水泥再次获得活力。

瑞南生前经常表示,"人拥有综合协调一切的能力""企业如同管弦乐团一样",从中可以看出他一直心存公司所有工作人员通力合作以壮大公司的美好愿景。

韩国企业家 100人
100言

郑在远

郑食品公司创始人

有志者事竟成
——郑在远

韩国最大豆奶制品品牌"Vegemil"（倍吉美尔）自 1973 年成立以来，至今已连续 43 年保持全国豆奶销量第一。殊不知，该品牌是在郑食品公司创始人郑在远（号惠春）的一句"救活患者"的号召下研发问世的。

郑在远自幼与母亲生活，日子艰苦却不忘昼耕夜诵，终于在 20 岁考上医师。1937 年，成功通过考试的郑在远成为首尔圣母医院一名年轻的医生，前景无限向好。

数十年后，郑在远的人生出现了一次转变。他收诊了一个瘦骨嶙峋、肚皮肿凸的新生儿患者。当时不少新生婴儿在不知病情的情况下腹泻至死。

这些病痛孩子在郑在远脑海里留下悲伤的回忆，于是他决定去发达国家留学进修。当时他已 43 岁，家中有妻子与 6 名兄弟姐妹需要抚养，因此他的出国想法遭到反对。但一想到会有更多的孩子死于不明病因，他的使命感反而变得更为坚定。

郑在远的出国行并不顺利。他在英国伦敦大学中没有找到资料，远赴美国旧金山 UC 医学中心依然没有成果。然而，功夫不负有心人。1964 年，郑在远在图书馆中阅读材料时，发现有介绍

"乳糖酶缺乏症"的资料,这一发现解决了困扰他 20 年的难题。乳糖酶缺乏症是由于乳糖酶分泌少,不能完全消化分解母乳或牛乳中的乳糖所引起的非感染性腹泻。

郑在远返回韩国后,开始致力于取代牛乳的食品研究。他在小时候母亲煮的大豆汤中找到灵感。大豆富含蛋白质、碳水化合物、脂肪等人体必需的营养素,因不含乳糖,对患有乳糖酶缺乏症的婴儿可谓是最佳营养剂。当时的郑在远在首尔明洞经营"郑小儿科",白天接受患者问诊,下班后及节假日便与妻子研究食品开发。约 3 年后,郑在远终于开发出不含胆固醇和乳糖的豆乳。

豆乳给临床婴儿带来了新生命。对郑在远来说,那一瞬间是他的人生巅峰。为了给更多患者供应豆乳产品,郑在远成立了公司。

当年已 56 岁的郑在远,终于明白了救治患者和经营公司也可以是同一件事。该公司的创建理念为"为人类的健康而献身",郑在远强调,公司要树立在对社会职责充分的考虑上才有无限竞

54 有志者事竟成——郑在远

争力，这也是他成功的秘诀。

  2015年8月，郑在远为建立世界首个大豆世界科学馆而捐献出两亿韩元。迎来百岁的他说道："有志者事竟成，没有挑战的生活苍白无力。"

韩国企业家 100人 100言

姜信浩

东亚 SOCIO 集团会长

新药开发是拯救生命的善事
—— 姜信浩

2011 年，韩国政府宣布将药价下调 14%，这引发了制药界的强烈反对，部分企业甚至决定进行结构重组。

当时东亚制药也因此准备停止招聘新入职员。但就在这种情况下，东亚 SOCIO 集团会长姜信浩说："我们公司的销售额也必然会减少，但是再想想，东亚制药并非总是一帆风顺，我们的旅程中既有荆棘，也有泥泞，还会有暴雨。"姜信浩非常反对大部分企业裁员的决定，他说："每次遇到困难，所有职员都会团结在一起，才有了今天的东亚制药。我们应该积极地克服困难，带头创造出更多雇用稳定的工作岗位。"

姜信浩总是强调，遇到困难的时候应该更多地反省自身，而不是责怪周遭的环境。东亚制药最热卖的产品是疲劳恢复剂——BACCHUS。这款产品从 1961 年开始销售，始终维持着饮料市场的老大地位。但其中也有过数次危机，每次都是靠姜信浩的思路转换而转危为安。

最初 BACCHUS 是浓缩精华液的形态，但是并不受消费者欢迎；东亚制药随后将之改为较为稀释的精华液，市场反应却依然不佳；最后东亚制药在经过研究后推出了饮料形态的

BACCHUS D。

BACCHUS D 在 1964 年登上了保健饮品市场的第一名宝座。1989 年 BACCHUS D 中的甜味剂被判定为诱癌物质而被禁止使用。之后东亚制药始终未能找到替代原料，引来了消费者的强烈抗议，公司也遭遇了成立以来的最大危机。在多次研究之后，东亚制药终于找到了天然甜味剂，这才化解了危机。

2001 年，竞争公司广东制药推出了"维他 500"，并同时在药房和便利店销售，销量直逼 BACCHUS D。姜信浩指示在各大便利店推出 BACCHUS F，这种饮料的容量更大，口感也更清凉。2015 年，BACCHUS F 的销量达到了"维他 500"的 2 倍。

姜信浩总能抓住机会，提高竞争力，最终将危机转为机遇。他曾强调："金矿开发的成功概率为 10%，油田开发的成功概率为 5%，而新药开发的成功概率仅为 0.02%。但是新药开发是拯救生命的事情，所以即使只有 0.02% 的可能性，也不能退缩。"

在这种经营哲学的指导下,东亚制药从1990年起投资了5 500亿韩元用于开发新药,目前已拥有4种新药,为韩国制药企业中新药拥有量最多的企业。

韩国企业家 100人
100言

许永燮

绿十字创始人

56

微尘应该在这片土地上积累起来
————许永燮

1983年,绿十字发布了在韩国制药历史上将会留下浓重一笔的重要成果。

经过12年的研究之后,绿十字终于成功开发出乙肝疫苗(Hepavax)。这是韩国第一次开发出这类疫苗,也是全球第三个取得该成果的国家。韩国的乙肝感染率曾经高达13%,而该疫苗的开发将这一比率降低到了与世界发达国家相似的水平。这种疫苗还普及全球60多个国家,成为全球接种人数最多的乙肝疫苗。

乙肝疫苗的成功开发让绿十字的收益大幅增长,但是如何使用这笔资金,公司内部却众说纷纭。当时韩国的新药研发水平极低,不仅不能开发新药,连生产复制药品都存在困难。大部分制药公司都从外国进口新药进行销售。

因此不少意见认为,应该在美国建立研究所,在短期内提高研发能力;或者扩大业务领域,实现收益的多元化。然而绿十字创始人许永燮在深思熟虑后做了一个出乎所有人意料的决定:建立民间研究财团,奠定韩国生命科学研究的基础。

许永燮认为:"微尘应该在这片土地上积累起来。"他觉得,

韩国企业家 100人 100言

即使条件再艰苦，也应该在韩国建立研究所，只有这样研究成果和研究人才才能留在韩国。在许永燮的坚持下，牧岩生命科学研究所成立了。

许永燮1964年毕业于首尔大学工学院，1968年在德国亚琛工业大学获得硕士学位，1970年又在同一学校完成了博士课程。在德国留学期间，许永燮深刻感受到韩国医疗保健产业的落后，回国后他创建起绿十字，实现了此前只能依靠进口的必需药品的国产化。

绿十字还先后开发了水痘疫苗、流感疫苗和新型流感疫苗，不仅完成了"自给自足"，更进入全球市场，将韩国的优质疫苗普及其他国家。

许永燮在韩国制药和生命科学领域产生了深远的影响，他立志要提供最优秀的医疗保健服务，并全身心投入到新药开发中。

56 微尘应该在这片土地上积累起来——许永燮

许永燮还第一次引入美国式的成果报酬制度,并根据各部门的情况和业绩制定了不同的奖金制度。许永燮一直认为,所有职员就像是公司的家人,他致力于构建起职员和组织共同发展、共享成果的组织文化,始终非常重视职员的待遇。

韩国企业家 100人 100言

成耆鹤

永元贸易创始人

57

有夕阳企业,但是没有夕阳产业
　　　　　　　　——成耆鹤

　　"品质不满意的话请退货!"1975年京畿道城南某处,当时全球最大的滑雪服公司——美国Whitestech的董事长肯尼迪在听了一名韩国青年的话之后连连摇头:"6个月内建成工厂后供货,这样的话能信吗?""请相信我!"韩国青年掷地有声承诺道。有了可以退货的条件,肯尼迪决定相信这名青年,并当场订购了1万件滑雪服。

　　这名青年就是永元贸易的创始人成耆鹤,当时他创立这家公司仅一年。当天他就和同事投入了彻夜工作,并按照约定在第二年的秋冬季将9 600件滑雪服送上了开往美国的货船。

　　成耆鹤儿时跟随父亲在庆尚南道昌宁郡自家经营的大型洋葱农场学习,具备了一名企业家的基本素质。进入首尔大学后,成耆鹤加入了登山团体,开启了全新的人生之路。

　　"只有单纯的好奇心是无法登上山的,登山时耐力和体力很重要,如果用和别人不同的方式登上峰顶,更能体会到无以复加的成就感"。这也成为成耆鹤经营哲学的基础。

　　毕业后,成耆鹤并未像别人一样选择进入金融圈或者参加公务员考试,而是于1972年进入首尔通商——一家出口假发和毛衣的公司。

业务适应力强、英语流畅的成耆鹤负责公司与瑞典的交易。在开展连接欧洲企业和韩国承包商的业务过程中,他感受到世界市场之大。两年后,成耆鹤与两名朋友一起创立了永元贸易。

成耆鹤很快感受到单纯做贸易中介的局限,并决定进入制造业。他选择将生产基地建在孟加拉国。现在的永元贸易已经是年销售额1.5万亿韩元的企业,在孟加拉国、中国、越南和萨尔瓦多都建有生产基地,仅在孟加拉国的销售额便逼近1万亿韩元。

成耆鹤也是开拓韩国户外服装市场的第一人。在一次大学登山的活动中,日本登山爱好者身穿的羽绒服使他受到极大的刺激,他预感韩国户外服装市场很快会发展起来,便从1975年后开始生产相关产品。大量的订单让永元贸易快速发展起来,进入20世纪90年代永元贸易和日本企业合作建立了Goldwin Korea公司,

57 有夕阳企业,但是没有夕阳产业——成耆鹤

乐斯菲斯品牌（The North Face）也由此诞生。

当时社会都认为服装产业是夕阳产业，因此非常惊讶于永元贸易的成功。成耆鹤说:"有夕阳企业，但是没有夕阳产业。"

韩国企业家 100人
100言

尹东汉

韩国科玛创始人

58

走得久才是走得最快的

——尹东汉

韩国科玛有很多独特的企业文化,其中一项是"牛步千里"。

韩国科玛创始人尹东汉和高层每年冬天都会沿智异山登山路徒步行走12公里,"牛步千里"也是尹东汉的座右铭。他说:"牛的步子看起来慢,但实际上并不如此。牛绝对不会后退,所以走得久。韩国科玛的职员们要一直记住,走得久才是走得最快的。"尹东汉在经营公司的过程中,也如牛一般执着地坚持着自己的信念。

1990年韩国科玛创建时,业界存在着订货方化妆品公司要求进行没有报税单交易的惯例,但是尹东汉拒绝了这一要求,之后几乎没有化妆品公司来订货。公司陷入连电费都交不起的境地,甚至还收到了停电通知。但是尹东汉坚持认为,"接受一次的话就要永远接受"。

创业约3年后,美国强生向韩国科玛订购了150万个婴儿爽身粉产品。但当时再好的产品一年的销量也不过20万个,美国强生是因为欣赏尹东汉的原则性才下了这笔大订单。

由于当时业界被爱茉莉太平洋、韩国化妆品等主要企业所垄断,韩国科玛在创立初期也只进行代工生产。然而代工生产完全依赖客户公司,因此发展非常有限。

为此,尹东汉于 1993 年引入了原始设计制造方式(ODM)。韩国科玛的技术开始在业界声名鹊起,受到了大企业的关注。目前韩国科玛的客户公司多达 250 余家,包括爱茉莉太平洋、自然乐园、LG 生活健康等知名企业。2015 年韩国科玛的年销售额首次突破 1 万亿韩元。

尹东汉认为:"我们的直接客户是企业,所以科玛的产品上没有自己的企业名字。但是最近的消费者无论是什么产品,都更关注产品的后面,会仔细看原产地、成分、制造商等。所以,虽然直接顾客是企业,但是最终客户是消费者,所以必须要考虑根据最终消费者来制造产品。"

尹东汉还对人有着无限的信任。科玛创立初期,公司共有约 150 名研究员,有人认为中小企业就算培养人才也没用,一旦有更好的条件,人才就会跳槽。

但是尹东汉认为,就算有这样的研究员,他们成果的 70% 也会留在公司,只有 30% 会被个人带走,因此仍旧予以研究员无限的支持,这才有了科玛不断问世的新产品,甚至还有些研究员跳

58 走得久才是走得最快的——尹东汉

槽后再度回到科玛。

尹东汉认为,所谓"汽车的发动机重要,刮雨器不重要"的说法非常可笑,每个人都起着不同的作用,都非常珍贵,而经营者的作用就是在一旁支持这些人的发展。

韩国企业家 100人
100言

姜太善

东进公司创始人

59

自寻出路而不埋怨环境

——姜太善

1973年的首尔钟路五街上，一块名为"东进山岳"的招牌格外醒目。"是国产的吗？韩国也产登山装备？"前来购买登山装备的客人表示惊讶。"当然，以后韩国产品也不会比外国差，甚至会更好。"口吐豪言的主人公正是韩国东进公司（品牌：布来亚克）创始人姜太善。他是韩国改制军备为国产登山装备的第一人。但姜太善的事业初期阶段并不顺利，当时登山并未在韩国形成风气。因此在创业两年后，姜太善不得已暂时搁浅了这块业务。

对他来说，这是一次痛苦的失败经历。但姜太善并没有就此宣布放弃，而是用结婚时收到的份子钱拯救公司，推出了书包产品。正所谓苦尽甘来，1977年，韩国登山运动员高相敦征服阿尔卑斯山后，在大学周边掀起一股"登山俱乐部"创办热潮。姜太善所打造的"PRO GIANT"品牌受到青睐。但好景不长，到了冬天，韩国发布戒严令，登山装备需求骤减，姜太善的事业再次遇到危机。

姜太善常常勉励自己：山有上坡路，也有下坡路。正是这种乐观精神，使姜太善的事业迎来了春天：韩国政府宣布解禁后，户外运动产品需求激增。然而,20世纪80年代的亚运会和奥运会再次阻挡了人们的登山热情,室内运动热潮渐起。当时,韩国大企业纷纷放弃户外产品事业,唯独姜太善死守这片市场,在韩国树立了登山装备第一品牌的形象。

进入20世纪90年代后,危机再度降临。1991年韩国国立公园内禁止露营野炊后,相关企业高达80%都宣布倒闭。事业经历了一波三折的姜太善,身心俱疲,决定攀登喜马拉雅山去换个心情。站在海拔4 000~6 000米高山上的他,看到了不畏寒冷且具有顽强毅力的高原牦牛,他的创业热情被再度激发:黑牦牛牌登山产品——布来亚克。

1995年,姜太善推出品牌"布来亚克"后,赢得大批消费者的关注。1996年,他打出了"山上的时装年代"的广告标语,牢牢占据了户外登山装备市场。1990年年底,韩国遭遇外汇危机,但姜太善仍然选择投资,推动布来亚克成为登山服中的五大品牌之一。在海外,布来亚克已经成为中国户外装备市场中的第一人气品牌。

　　姜太善常强调说，不应埋怨环境而要自寻出路，在生存环境恶劣的山中，决定未来的不是环境，而是你自身的对策。

韩国企业家 人
10●言

南相水

南荣 VIVIEN 创始人

60

我是永远的推销员

——南相水

"VIVIEN 生产的胸罩救活了我们整个公司。"2002 年美国著名内衣品牌"Maidenform"（媚登峰）总裁在会见南荣 VIVIEN 创始人南相水时如是说。

南荣 VIVIEN 成立于 1920 年，不仅生产女性内衣，还从世界各地进口产品进行销售，但因常年亏损经营，不得已在 2001 年宣布破产。当时的南相水表示自己会负全责，并仍冒着巨大的风险出口价值 300 万美元的产品。

南荣 VIVIEN 当年向媚登峰出口的胸罩新品命名为"FIT"，意为"合适"。该产品在美国百货店中每月销量高达 50 万件，掀起一股韩国产胸罩热潮。

而此前美国市场上一款胸罩产品每月最高纪录仅 10 万件，足见南荣 VIVIEN 产品的强大吸引力。多亏了这款产品，媚登峰公司起死回生，成功扭亏为盈。为此，媚登峰公司特意为南相水颁发了感谢状，还希望南相水公司每月的胸罩供应量能提高到 100 万件。

南荣 VIVIEN 的前身是 1954 年南相水创立的南荣产业，当时是一家生产尼龙料子的工厂，产品主要面向出口。最后南相水决定转型生产服装类产品，第一个产品便是丝袜。

1963年，南荣产业生产出韩国首个无缝丝袜产品，凸显出女性的曲线美，一问世就引爆了市场人气。试水成功后，南相水开始与日本企业合作，将出口扩大到日本和中国香港等地区。不久后，无缝丝袜产品在香港市场上的份额已占三成。这次决定性的成功让南荣产业开始将事业扩大到胸罩、女性内衣等产品上。

男性在做女性内衣生意时，在某些情况下还是难免出现尴尬。南相水就曾经在机场安检的时候，因包里全是女性内衣而被工作人员严严实实地询问了一番。

最让人惊讶的是，这些风靡各地的女性内衣产品设计灵感全部出自南相水，因此，他在行业内素有王牌设计师的称号。

南相水认为，他的产品取得成功，主要得益于其定位在海外市场上的长远眼光。"一开始设计产品的时候就瞄准了国外市场，而非专注国内。目前产品的销路70%在国外、30%在国内"。

因地制宜也是南相水成功的秘诀之一。当年他携产品打入美国市场时，所有样品都最大限度实现本土化，按照当地女性的体形来制作。

60 我是永远的推销员——南相水

现年已70多岁的南相水,在接见外国买家时出示的名片上都没有具体职位。被问及原因时,南相水说:"我就是代表公司的推销员。"一言体现出这位企业家的事业精神和人格魅力。

韩国企业家 100人 100言

崔炳五

Hyungji 创始人

61

永远领先半步

——崔炳五

2015年3月,韩国时装集团Hyungji创始人崔炳五收购了制鞋品牌ESQUIRE。

2012年以来,Hyungji进行的企业和品牌使用权并购达到了9起,其中ESQUIRE对崔炳五来说有着特殊的意义。

崔炳五说:"在东大门做生意的时候,坐地铁2号线从蚕室经过圣水洞时,能看见的最高的建筑物就是ESQUIRE大楼,那时候我总会想什么时候我也能建那样的大楼。收购了ESQUIRE后,我的梦想实现了。"

Hyungji和ESQUIRE的创立日同为9月21日,可以说前者收购后者也是一个命运的巧合。

崔炳五是服装业界屈指可数的领军人物。他或开创新品牌,或救活濒死的品牌,每一次都令人关注。他在自己的名片上印了"领先半步"四个字。对崔炳五来说,走得太快便无法顾及周围的人,人生也会因变得过于激烈而缺乏幸福感,因此领先半步是最理想的状态。

Hyungji是1982年从东大门广藏市场一处角落的小店铺起家的。崔炳五早年在釜山国际市场中开过油漆店、面包店,尽管都失败了，但还是积累了丰富的经验。

　　崔炳五工作的速度比谁都快，别人做50件外套的时候，他一天只睡4个小时，能做2 000～3 000件。然而，无论他怎么做，消费者们都更喜欢知名度更高的品牌。

　　发现这个问题后，崔炳五注册了商标，尽管遭到了周围商人的激烈反对，但他的销售额却迎来了爆发式的增长。然而好景不长，最终这个小店还是倒闭了。崔炳五于1994年重新创建Hyungji，并再度站了起来。

　　崔炳五引进了新加坡品牌"鳄鱼"，在中老年女装领域掀起了一股新潮流。当时休闲服装最受欢迎，但中老年女性的可选择范围却非常小。

崔炳五下定决心要解决 50 万主妇穿衣服的苦恼。之后，他在全国开设了 400 余家专卖店，按照主妇们的需要，以低廉的价格推出了兼顾实用和时尚的服装，结果自然是大获成功。2007 年 Hyungji 旗下单一品牌的销售额首次突破了 3 000 亿韩元。

掌控中老年女装市场后，Hyungji 还先后收购了男装品牌 Woosung I&C、校服品牌 Elite Basic 等，发展成为综合性服装企业。

崔炳五总是强调："人应该具备比别人多走半步的精神，努力工作，有创造性地应对一切。"

韩国企业家 100人 100言

许英寅

SPC 集团董事长

62

百年企业意味着好口碑

——许英寅

SPC集团起源于1945年黄海道熊津的一家小型面包店"尝味堂"。

这家面包店的创始人——许英寅之父许昌成,眼见生意越做越好,于是在1948年将店开到了首尔乙支路。1963年许昌成在首尔新大方洞建立了一个工厂,开始量产面包。1968年,这家工厂改名为三立食品工业,开始研发奶油面包、豆沙包等多个产品。

许英寅在1969年继承了父亲的事业,进入三立食品开始学习经营之道。在担任三立食品的代表理事约7个月后,1981年他在美国的一家烘焙学校学习了面包制作技术。当时的许英寅不顾一些世俗观点的反对,坚持认为企业家不只是要会经营之道,还要有技术理念。

1983年回国的许英寅把三立食品的分公司"Shany"分离出去,开始了独资经营。当时这家分离出去的公司生产的是蛋糕等高档糕点,最后在许英寅"品质第一主义"的理念引导下,成就了一个新的面包帝国。1985年许英寅引进了美国烘焙品牌"Baskin-Robbins"(美国31冰激淋),将事业扩大至冰激淋领域,同时也加强了烘焙技术的提升。1986年,许英寅创立了生产传统法国面包的品牌"巴黎可颂(Paris Croissant)";1988年,许英寅成功打造了"巴黎贝甜"品牌,在烘焙业上成为第一大品牌;2002年,许英寅将三立食品打造成SPC集团。

SPC集团现在拥有巴黎贝甜、多乐滋日等多个烘焙品牌。许英寅决定引入加盟店概念,将面包品牌推向国际。2004年,SPC集团首次进入中国市场,此后以此为契机,打进法国、美国、新加坡和越南等多个国家。目前SPC集团在韩国拥有6 000家店铺,海外有190多家。SPC集团还计划将市场扩大到中东、非洲和加拿大。

许英寅的经营哲学在于现场与品质。直到现在,许英寅还会去现场视察流水线,从面包的材料到模样等每个环节都不放过。许英寅还会亲尝面包,未能通过许英寅口味测试的面包很难在世界市场上赢得赞赏。许英寅曾说:"公司生产几百万个面包,而顾客只买一个,所以说要重视面包的品质。"

62 百年企业意味着好口碑——许英寅

2015年,许英寅在公司创立70周年的时候称,百年企业并不只是意味着一个数字,而是说明这将是家永远受人喜爱的企业。许英寅目前通过巴黎贝甜将法棍和法国南部地区的传统红酒等引进韩国,在韩国与法国的交流中起到了"面包外交"的作用。

韩国企业家 100人 100言

金在哲

东远集团创始人

63

透过倒立的地图看韩国人的未来

——金在哲

"刮台风的时候，水手无视波浪，只会盯着船长的脸。哪怕是只看一眼波浪，水手都无法承受这种恐惧感。只要船长的表情足够自信和有魄力，在其指示下团结发力就能从台风中突围。反之，船长若显露出惊恐不安的表情，水手的心理负担便会加重，由此将带来巨大损失。领导正是处在一个能保证所有部下生命的重要位置，越是在最危急的时刻，越要体现出那种毫无惧色的自信和胆量，才能让部下听命跟随。"东远集团创始人金在哲（号东远）在分享自己的经营哲学时，常用大海航行的经验来阐述。

金在哲生于韩国全罗南道，毕业于釜山水产大学的捕捞学系。1958年，23岁的金在哲以韩国第一艘远洋捕捞船"指南号"的实习航海师身份，执行了南太平洋和印度洋的航海任务。航海途中，他兼任船长与轮机长，并以"金船长"（Captain Kim）的称号扬名航海界。在多家日本贸易商的建议下，1969年，35岁的金在哲利用1 000万韩元创建了"东远产业"，3年后便拥有了11个船队，在业界打响了名号。

以远洋渔业为生的东远产业并不在韩国海域进行捕捞作业，

创建10年之久也没有在国内进行产品流通。该公司当时将目标定位为国际市场，与外国企业竞争。"大海不会听你的辩解，只能凭借实力。通过实力战胜巨浪，辩解则行不通。"金在哲强调说。他认为经营之道在于具备应对任何情况的实力。

2000年，金在哲写了一本书，名为《透过倒立的地图看韩国人的未来》，旨在强调海洋产业的重要性。金在哲说，把世界地图倒过来看的话，韩半岛就不再是黏附在大陆的一小块半岛，而成了面向整片太平洋的码头和东北亚的战略要塞。韩国资源不足，不能固执锁国，而应积极走向海外。

1970年爆发石油危机时，金在哲强调"危机乃是机会"，并果断投资，开发了韩国首个母舰承载式金枪鱼延绳捕鱼作业、首个直升机承载式金枪鱼旋网项目，并研制出韩国首款金枪鱼罐头。2008年10月，东远集团斥资4500亿韩元，收购了美国最大的金枪鱼品牌"星基斯特"（STARKIST）。这是东远集团在金枪

63 透过倒立的地图看韩国人的未来——金在哲

鱼罐头市场上最大一次的收购。紧接着在 2011 年，东远集团收购了非洲最大海产公司旗下品牌"SNCDS"，此后在国际上一举奠定了领头羊地位。

韩国企业家 100人
100言

林大洪

大象集团创始人

64

吾道一以贯之

——林大洪

"为了成为国家和民族的企业,我们要深深爱上国产产品并为打造清明社会做出贡献。"大象集团创始人林大洪这样说道。

1945年韩国解放后,综合食品企业大象集团创始人林大洪(号仁谷)首先进入毛皮加工业,开始了创业之路。1950年6月25日朝鲜战争爆发后,日本产品大批涌入物资匮乏的韩国,林大洪不禁发出感叹:"光复(解放)还不到十年,长此以往韩国将再次落入日本的掌心。"

因此,他决心要为国民生产本国产品,而首先进入他视线的便是调味料。民以食为天,加入食材中使菜肴味道更鲜美的调味料是国民生活中不可或缺的重要物品。林大洪决定将当时占领了韩国调味料市场的日本产品"驱逐"出本土,让韩国本土生产的调味料走向世界。

1955年春,林大洪赴日本学习调味料的主要成分——谷氨酰胺的制作方法。一年后学成归国的他于1956年1月31日在釜山创立了"东亚化学合成工业",并建立了韩国首家调味料工厂,研制出了韩国最早的发酵调味料——"味元"。

当时,凭借白糖工厂成功的三星集团创始人李秉喆也进军调味料市场,"味风"品牌随后亮相。两家公司展开了激烈竞争,最终以"味元"的胜利告终,令李秉喆大感遗憾。

有"隐遁型领导人"之称的林大洪拥有另一个名字——"实验狂",直至晚年,他仍埋首于实验室中和各种器具打交道,集团今日的成功不可不归功于这位创始人疯狂的探索精神。

林大洪在20世纪60年代中期又凭借发酵法成功开发出谷氨酰胺生产技术,被认为打开了韩国生物产业的大门。随后他又开发出L-苯丙氨酸、L-谷氨酰胺等20余种氨基酸和核酸的制造技术,各种商品随后面世。直到现在,大象集团仍是韩国调味料市场不可撼动的龙头老大。

另外,尽管林大洪当时已经是韩国屈指可数的富豪,但其勤俭节约却到了令人吃惊的程度。他每年去日本出差时仍住在东京仅7坪的公寓中。这所公寓原本是为出差的员工准备的临时公共住所,但林大洪仍坚持住在其中,衣服袜子自己手洗,吃泡面充饥。

  当向周围人谈起自己的生活态度时,林大洪引用《论语》中孔子的名言说:"吾道一以贯之。"凡事尽自己所能、理解他人便是这位创始人一生的行为信条。

韩国企业家 100人 100言

李吉女

嘉泉吉财团董事长

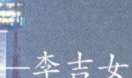

65

我的经营哲学是先去私心

——李吉女

"情况越困难,越应正面挑战去转动风车,否则无风则停。"嘉泉吉财团董事长、嘉泉大学校董李吉女将生活指标定位在小时候常玩耍的风车上。她表示,风车的构造决定了迎面而来的强风才能使其转动,有些人看风车不转了便选择放弃,而她的性格是,就算是要爬到山上迎风跑,也要让这个风车转起来。正是这种坚毅的精神锻造了今天的李吉女。

1932年李吉女出生于全北,14岁时父亲的离世让她决心要成为医生。朝鲜战争爆发时,李吉女进入首尔大学医学系念书,并在1957年毕业。翌年,李吉女在首尔红十字医院结束实习课程后,在仁川开了一家妇产科医院。

1964年李吉女前往美国纽约深造,1968年返回韩国后再次接手妇产科医院。值得一提的是,李吉女的诊所是当年韩国医院中首个不收住院患者保证金的医疗机构。李吉女在美国深造后熟练掌握使用医疗器械,再加上其亲切的性格,让她在业界树立了良好口碑,拥有了大批忠实患者。这让李吉女忙得不可开交,一天只能睡4个小时。

其间,李吉女再次前往日本接受硕士课程教育,回国后于

韩国企业家 100 人 100 言

1978 年在仁川全资开设了首家由女性创办的综合医疗机构——仁川吉医院。之后，李吉女在韩国各地，如杨平、南洞、铁原等城市陆续开设分院，在业界站稳了脚跟。

李吉女认为，医疗事业的成败在于人。她在 1994 年收购了京畿专门大学和神明女子高中的神明学院，投入到教育行业中，强调人才的培养。李吉女在设立学校法人嘉泉学院后，1988 年开设嘉泉医科大学，接着收购了陷入经营困境的暻园学院。2000 年李吉女就任校董一职后，2010 年将所收购的学院进行合并，最终在 2012 年 3 月通过审批，成立了如今的嘉泉大学。

嘉泉大学吉医院从 1958 年成立妇产科个人诊所到如今发展为韩国大型三级甲等综合医院，已成长为一家综合实力雄厚、值得广大群众信赖的医院。嘉泉吉财团也已经成为一个集医疗、科研、教育、媒体、文化为一体的综合财团。多年打拼事业的李吉女并不看重"成功的企业家"等评价，她说："嘉泉吉财团是一家非营利性质的公益机构。我的经营哲学是先去私心。比起眼前

65 我的经营哲学是先去私心——李吉女

的利益来说,应集中力量在如何让更多人享有同等待遇上。嘉泉吉财团的所有机构都基于为人服务和爱国的立场。最重要的是,尊重与关爱才能让人去推动组织成长。"

韩国企业家 100人 100言

李在贤

希杰集团董事长

66

文化是我们的未来

——李在贤

  1995年3月底，希杰集团董事长李在贤在前往美国洛杉矶的飞机上，向希杰集团副董事长——胞姐李美敬这样说道："现在讲的是文化，那也是我们的未来。"这是两位企业家为协商梦工厂的投资事宜赶赴美国路上的对话。梦工厂的三位创始人分别是史蒂文·斯皮尔伯格（代表 DreamWorks SKG 中的"S"）、杰弗瑞·卡森伯格（代表 DreamWorks SKG 中的"K"）和大卫·格芬（代表 DreamWorks SKG 中的"G"）。

  李在贤向胞姐说明了自己的梦想——文化产业化。他说："并非单纯地推行电影流通，而是要进行多渠道传播，例如直接拍摄电影，开发音乐事业，设电视频道，创建一个亚洲版好莱坞。"通过向梦工厂学习，制作符合韩国人审美形态的多媒体内容；通过多元技术，改变电影欣赏文化；将韩国的文化商品推广至世界各地……李在贤一口气说出了好几个目标。

  希杰集团原先是由食品公司第一制糖发家，该公司对梦工厂的投资，为希杰集团向文化产业跨越做足了铺垫，同时也繁荣了韩国的文化出口市场。

  回国后，李在贤开始下令在第一制糖公司内部设立多媒体事业部，为文化产业的宏图画出了第一笔。1997 年，希杰集团收购了"M-net"音乐供应商，紧接着开设了韩国第一家多媒体影院"CGV 江边店"，2000 年设立了负责电影发行投资事业的希杰娱乐，并收购了仁川放送公司，成就了目前的电视事业部门希杰 Hello Vision，继而在 2002 年设立了希杰传媒，2003 年设立希杰网络（游戏部门），2009 年收购了"On media"，最终在 2011 年成立了希杰娱乐传媒公司（CJ E&M）。

　　李在贤在实现文化梦的过程中并非一帆风顺。当时公司高层纷纷反对，称从三星集团中分离出来后，好不容易经营至今的食品生产流通事业，竟然马上转型投资电影工业，未免太过于冒险。但李在贤并未退缩，称："引领大韩民国和希杰集团的成长动力，必须要在文化产业中找到答案。"

　　20 年过后，希杰集团在文化产业上独树一帜，其产品从选秀类节目 *Super Star K* 到电视剧《回应吧 1997》等深受观众喜爱，

甚至连吸引总统观看的热映电影《鸣梁》都是由希杰出品的。

　　2010年，李在贤在希杰娱乐传媒公司的成立仪式上致辞说道："没有文化就不能称为国家。"由此，他成功地将其父亲——三星创始人李秉喆的"产业报国"经营理念升华至"文化报国"。

韩国企业家 100人
100言

徐庆培

爱茉莉太平洋董事长

67

最佳产品的诞生基于员工的幸福感
——徐庆培

"创造美丽应基于对自然与人类的深度理解。"这是韩国头号化妆品供应商爱茉莉太平洋董事长徐庆培的经营哲学。

1997年,韩国太平洋集团在多年尝试事业多元化发展后,由于过度投资而导致负债亏损。尽管拳头产品——化妆品业绩还算坚挺,但光还建筑、证券和服装产业上的债务就很难承受。

当时的徐庆培年仅35岁,决定对公司"动大手术"。他下令推行结构调整,并选择专攻化妆品行业,力求做精、做深。

强调"美与健康"的徐庆培,开始大刀阔斧整理负债产业,并在2006年把爱茉莉太平洋集团中的化妆品事业部门分离出来,成立了控股公司。

结果证实徐庆培对时代消费潮流的判断是正确的。该公司在徐庆培的带领下高速发展,在亚洲市场获得极高人气,并由此进入全球市场。公司在徐庆培就任18年后,销售额成功达到5万亿韩元,总市值突破23.5万亿韩元。2015年7月,徐庆培所持股票的总市值超过12万亿韩元,力压三星电子董事长李健熙,成为韩国第一大股市富豪。2015年12月17日,该公司还获得了韩国国家品牌大奖。

韩国企业家 100人 100言

目前,爱茉莉太平洋集团已成长为韩国享誉全球的化妆品集团公司,不仅拥有自己的研发中心,而且海外分支机构遍布全球,国际行销网遍及40多个国家,所生产的化妆品项目多达4 000多种,因产品品质优良,受到全球消费者及用户欢迎。

徐庆培的成功秘诀在于"沟通",他把大部分时间花在销售现场、交易处和合作伙伴的洽谈上,并认为顾客与品牌是相辅相成的。徐庆培一直希望能推广亚洲的美学价值以引领全球消费模式。为此,他将第一步放在办公大楼上。走进爱茉莉太平洋的公司内部,可发现照明使用的是自然采光系统,并伴随四季变更有颜色上的变化。

徐庆培还十分注重工作环境与氛围的打造,他鼓励弹性上班

制度和育儿女性休产假，并通过各种方式提高员工的积极性和幸福感。爱茉莉太平洋集团将"创造亚洲之美"作为自己的使命，这也是企业文化的核心价值。据悉，爱茉莉太平洋已立下截至 2020 年规模达 11 万亿韩元的销售目标。

韩国企业家 100人 100言

金弘国

Harim 集团创始人

68

三思而后行

——金弘国

2014年11月，Harim集团创始人金弘国在拍卖中竞得拿破仑帽子后引起热议。金弘国表示自己喜欢拿破仑的座右铭"一切皆有可能"，但更被拿破仑积极的思维方式所吸引，因此决定买下这顶帽子。梦想与愿景的本质就是积极性，通过积极性去抓住机会，挑战未来。

1968年，年仅11岁的金弘国正在上小学四年级，有一天他从外婆那儿得到10只小鸡，养大后卖给了鸡贩子，换得2 500韩元（约合人民币15元），这使他突然有了做事业的想法。1978年，金弘国建立了黄登农场，继而在1987年创立了Harim食品公司，并使Harim发展成为韩国最优秀的鸡蛋生产加工公司。之后，金弘国开始不断扩大事业范围，进入养猪、养鸭、饲料生产、家庭购物、家畜用药等领域，最终在2001年成立Harim集团，并于2015年收购一家海运公司后正式进入韩国大企业之列。

和其他创业企业家一样，金弘国的事业也并非一帆风顺，而有过三次"触礁"。

第一次是在20岁出头的时候，因过度自满于黄登农场的成功而使金弘国负债累累。一次偶然的机会，他接触到农畜产品的增值信息后,决定东山再起,打造"农场—工厂—市场"型生产体系,最终带领公司夺下韩国鸡肉市场的领导权。

第二次是在韩国遭受国际货币基金组织的外汇风暴打击时。1997年,金弘国成立了韩国最大的肉类加工厂。外汇风暴下,消费萎缩,金弘国的肉类加工事业举步维艰。最后金弘国找到了国际金融公社,请求对方投资。1998年10月,Harim集团成功获得2 000万美元的投资,得以渡过难关。

第三次危机发生在2003年。当年Harim集团总部工厂发生火灾,蒙受了100亿韩元的巨额损失,加上当年禽流感在韩国肆虐,需求剧减,这成为金弘国创业以来面临的最大危机。不过金弘国选择积极应对而非放弃。他利用其他工厂进行鸡肉产销，同时带头重建工厂。新工厂竣工后，凭借卫生安全且品质有保证的商品再次赢得消费者的信赖。

  金弘国常说，生活中没有安全地带。面对看不见的未来，不应害怕而要勇敢前行。这需要勇气和永不畏惧挑战的热情。最先从安全地带中闯出去的人往往是领袖，同时也是历史的开拓者。"离开安全地带，三思而后行。"金弘国常对旁人提起自己的人生哲学。

韩国企业家 100人 100言

徐廷珍

赛尔群集团董事长

所有事情由我做主

——徐廷珍

"没有帮我的人,也没人拉我一把。所有事情都由我来做主。企业家就是拼死命去做事。"这是韩国赛尔群(Celltrion)生物制药公司董事长徐廷珍说过的一句话。他在创业后出现困难的时候,每次发生的所有事情都由他自己解决,这也锻造了他临危不惧的性格。

徐廷珍一直没有忘记在大宇汽车中担任组织结构调整业务的那段痛苦岁月。"结构调整不仅仅涉及员工个人,对于他们的家属来说也是件痛苦的事。若真的要推行结构调整,应该先从管理层开始,然后到干部,最后才是职员。"作为经营团队中的一员,亲力亲为的徐廷珍在离开公司后,最终决定与大宇汽车企划室十多位职员一起创业,建立了解决方案供应商"NEXOL"。

公司是建立起来了,但是具体要做什么事业,徐廷珍却不得不重新思考。正在寻找机会的时候,生物产业受到热捧的消息引起他的注意。于是,徐廷珍在2000年飞速走访了全球40多个国家,向专家们咨询相关事宜。在得知原始生物药品将在2013年专利到期的消息后,徐廷珍在2002年建立了赛尔群生物制药公司,担任董事长。

韩国企业家 100人 100言

　　一开始事业并不顺利，公司要靠借债才能维持运营。由于生物药品的消费观念尚未在韩国深入人心，公司营利遭遇重重困难。生物药品属尖端产业，新药一旦被研发出来便可获得暴利，但在研发成果出来前需要投资至少10年以上。徐廷珍凭借惊人的毅力，终于成功将公司发展为生物产业中的佼佼者。

　　近几年徐廷珍在不断减持赛尔群的股票。凭借在大宇汽车公司就职期间担任战略顾问积累起来的战略眼光以及在创办赛尔群过程中奠定的声誉，"徐廷珍"三个字已经成为吸引国际投行的金字招牌。2013年，徐廷珍将自己持有的集团股份卖给外国制药商。这一消息传出后，引起轰动。徐廷珍对此的解释是，他将另起炉灶介入资本市场，以缔造更多的创新型企业，并提到了自己的愿望：不希望大宇汽车中的痛苦经历再次在赛尔群上演。

　　赛尔群生物制药公司于2002年创立，现为全球第二大单克隆抗体生产企业，于欧美市场率先推出首款生物仿制药英利昔，拥有全球最大的生物制药基地，且建立起了覆盖全球的商业网络以

及协同研发机制。取得如此成果得益于当年韩国政府产业政策的鼓励,当然更重要的是赛尔群自身的增长基因在起作用。大宇汽车合作共赢的发展经历在很大程度上影响了徐廷珍的创业思路。

韩国企业家 100人 100言

尹润洙

斐乐·高仕利公司会长

70

充满生命力的战略是经历的衍生品
——尹润洙

20世纪70年代，斐乐·高仕利（Acushnet）公司时年30岁出头的会长尹润洙进入美国J. C. Penny韩国分公司工作。

他在美国出差时，总公司的客户无意间问道："J. C. Penny现在销售的微波炉是日本产品，竞争力已经不如从前，如果能从韩国进口更便宜的产品，可能会在美国受到热烈欢迎，不知道韩国是不是可以生产？"虽然当时韩国并没有微波炉的制造技术，但尹润洙认为，如果能为美国供货，对于韩国来说，这将是一单利润丰厚的生意，因此便不假思索地答应了客户。

尹润洙随后联系了三星电子，虽然当时的三星电子还是一家从未做过微波炉的新兴企业，但其依然表示愿意挑战一次。韩国为了向J. C. Penny证明自己有制造微波炉的能力，便将日本产的微波炉零件拆解改装后，以韩国制造的名义送到了美国。J. C. Penny在检查后对韩国产品的质量表示满意，并称希望看一下韩国的微波炉生产工厂。

如何在很短的时间内平地建起一个微波炉工厂让尹润洙和三星电子伤透了脑筋。尹润洙最后决定将三星电子的电风扇工厂外观装饰成微波炉工厂，并进口数百台日本微波炉，将其零件分解放在工厂传送带上，伪装成组装前的样子。尽管这显得有些不够光明，但也显示出了出口创汇并扶持韩国电子产业发展的诚意。J. C. Penny 随后相信韩国有生产微波炉的能力，并与三星电子签订了合约。

从合约签订到产品出口仅有 6 个月的时间。在这段时间里，尹润洙和三星电子共同埋首于技术研发，终于成功制造并出口了微波炉，出口额 3 年超过 1 亿美元，为 J. C. Penny 及三星电子均带来了不菲的收益。

1981 年，时年 37 岁的尹润洙又在美国与斐乐 T 恤衫结缘。他向当时已经持有斐乐许可证的美国公司建议制造运动鞋并销售，结果大获成功。

斐乐为进军韩国市场进行调查时，听到了关于尹润洙的事迹，便提议聘请其为斐乐韩国分公司的社长。然而尹润洙在没有放弃自己公司的情况下，不但每年令斐乐韩国的销售业绩增长了 200%，还在 2007 年反过来收购了斐乐公司。4 年后，尹润洙又收购了世界顶级高尔夫用品公司高仕利，震惊业界。

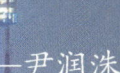

70 充满生命力的战略是经历的衍生品——尹润洙

尹润洙每次都能以新奇的想法大获成功。谈到成功秘诀,他说:"这是因为我有着和别人不同的经历。充满生命力的经营战略是经历的衍生品,并不是从书本和课堂上能学到的。"

韩国企业家 100人
100言

朴圣秀

衣恋集团创始人

71

独乐乐不如众乐乐

——朴圣秀

"一半的价格,双倍的品质。"衣恋集团创始人朴圣秀在谈及经营原则时,脑海中时常浮现出母亲的这句话。

朴圣秀的母亲当年经营着一家中小企业,尽管其产品质量比竞争对手更胜一筹,但价格仅为竞争对手的2/3甚至一半。当年少的朴圣秀问及缘由时,他的母亲说:"和我自己赚钱相比,顾客以便宜的价格买到我的商品更有意义,也让我更高兴。让更多的人获益十分重要。要看得更远,看得更广。"

1980年,朴圣秀在首尔梨花女子大学旁的时尚街开了一家名为"England"的服饰店,即衣恋品牌的前身,开启了企业家之路。当时,朴圣秀敏锐地认识到中低价休闲服饰的市场十分广阔,而他销售的商品也秉承了母亲"低价高品""独乐乐不如众乐乐"的哲学,因此店铺口碑甚佳,门庭若市。

不久之后,经常光顾的客人中有人提出想开设分店。朴圣秀认为,这样可以从分店店主处收取加盟费和品牌使用费,生产采取外包的方式,公司则专注于建立品牌形象和设计,应该可以生产出更好的衣服。随后他在韩国首创了连锁概念,创立了时尚连锁品牌衣恋,并确信能为自己及销售商、生产商以及顾客等带来最大的利益。

在朴圣秀的大力推动下,1994年韩国开设了首家以顾客为中心的品牌直销店"2001奥特莱斯"。除百货商店以外,当时韩国几乎没有中产阶级可以使用的流通渠道,朴圣秀注意到这一点,在两年间组建了团队,将这一新型流通形式付诸实践。"2001奥特莱斯"以销售品牌折扣商品为中心,不但建立了城市奥特莱斯的形象,还促进了衣恋的成长,并开启了奥特莱斯大众化时代。

另外,朴圣秀还在员工身上投入了不少的心血。他经常到全国各地的卖场同员工见面,坚持参加部门的演讲和各种活动,并事无巨细地关心员工的大事小情,与之建立了深厚的情谊。朴圣秀经常强调,希望成为一个能令员工发挥自身价值的老板,他说:"为赚钱工作的是工薪人士,热爱事业本身的是商业人士。还有一种更高的是带着上天赋予的使命工作的 Calling Man 和超越金钱、在世间实现个人价值的 Value Man。"

在朴圣秀眼里,员工没有性别、出身、地域和辈分的差别,

最重要的是能力和成绩。1999年朴圣秀首次引入知识经营理念，并将其作为企业的核心价值。他说："现在是知识时代，过去的老观念并没有太大的用处，必须全部进行变革。"

韩国企业家 100人
100言

朴敬福

海特真露集团创始人

72

对外虚张声势是企业最大的不道德
——朴敬福

"对外虚张声势是企业最大的不道德。"韩国海特真露集团创始人朴敬福经常对儿子朴文德强调,企业和企业人在外界要降低身段,保持谦逊。

1922年,朴敬福出生于釜山。1941年,他从日本大阪工业大学毕业后。1946年,进入大鲜发酵公司,开始涉足酒业。进入公司18年后,他才就任公司社长,次年升任代表理事会会长。1967年,他成为韩国啤酒销售代表理事,与啤酒结下不解之缘。1968年,他又转到海特啤酒前身——朝鲜啤酒工作,其后30多年间一直任代表理事一职,对韩国啤酒产业的发展做出了巨大贡献。

朴敬福将大部分的时间都用在了经营公司上,他经常亲自到生产一线鼓励员工,与员工深入交流,十分重视"亲密接触经营"。在任期间,朴敬福每天早晨7点上班,视察生产一线并亲自监察产品生产及出库情况。每周有3天,他会分别去到全北全州、江原洪川及庆南马山的工厂亲自了解生产情况。

尽管朴敬福是韩国顶级酒类企业的CEO,但他绝不会在别人面前讲排场、摆架子。在2002年海特啤酒搬迁到江南之前,总部一直使用永登浦的3层仓库建筑物,外面下大雨时,朴敬福的办公室就开始下小雨。直到20世纪90年代初，他都一直坚持自己开着国产的中型轿车巡视工厂。

朴敬福将毕生心血倾注于酒类经营中，成功收购了烧酒企业"真露"。为了制造出顶级的产品，朴敬福从来不会在投资方面吝啬。对于啤酒而言，酿酒的水十分重要，为了工厂选址，朴敬福跑遍了全国的每一个候选地，亲自品尝当地的水源，并观察周边环境。其中，江原道洪川由于十分适合生产啤酒而备受朴敬福青睐，他亲自挑选工厂地基，多次巡视建设工地，倾注了极大的心血和感情。2007年朴敬福辞世，按照他的遗愿，他的墓地被安置在可以看见洪川工厂的附近山上。

此外，朴敬福还投资了4 000亿韩元购买当时最新的设备，借助洪川工厂，将海特真露打造为韩国啤酒业首屈一指的企业。不常在外露面的朴敬福1997年亲自担任了海特啤酒的广告代言

72 对外虚张声势是企业最大的不道德——朴敬福

人，宣传照中，朴敬福头戴礼帽、身穿工作服亲自观察海特啤酒，并配有一句广告语："一等的企业思考一定要走的路。"这帮助当时已经占有最高市场份额的海特啤酒在销量上更上一层楼。

韩国企业家 100人 100言

金圣珠

圣珠集团创始人

73

搞活公司的秘诀是正直

——金圣珠

"搞活公司的秘诀是正直。也许在国内,正直的人会被当成傻子,但如果要走向全球,正直就是竞争力。"圣珠集团创始人金圣珠始终坚持这一理念。

圣珠集团创始人金圣珠的父亲金寿根是大成集团的创始人,但金圣珠却放弃了作为"富二代"可以享有的权利和捷径,坚持开创了一条属于自己的道路。

"女人不能总是埋怨男人和社会,而要让自己变得强大,积极参与到经济活动中。21世纪不是所谓女人的时代,而是女人不能不工作的时代。身为女人,要直面并挑战所承受的不公。"金圣珠曾说。

1989年金圣珠从美国回国创建了圣珠集团,并将其逐渐发展为全球时尚零售公司。金圣珠在企业经营中一直强调"所有者的义务"和"透明的竞争力"等,挑战韩国社会和企业根深蒂固的舞弊和腐败思想。

其中,最重要的莫过于要正直。她说:"不要成为只知道填饱自己肚子的肥猪,而要多多帮助他人,为社会做出贡献。"她强调正直是无论如何都要坚守的品德。

韩国企业家 100人 100言

金圣珠总是从正面角度积极看待事物,她常说:"如果想做成什么事情,就一定要在脑海中刻画它成功时的样子。情景描绘得越精确,自己就会越确信,那么我们实现梦想的可能性就越大。"

金圣珠始终认为:如果总是带着"我不能更好了""我不能像别人那样有那么好的条件""我不行"的否定想法的话,那就什么问题都无法解决;必须要抛弃这些否定想法,无条件地相信自己能做好,这才是由内而发的自信。不能做得好就好、做不好就不好,不能得过且过。关键是要正确认识自己的情况,将它设置为出发点。

金圣珠十分重视主动的态度。她认为,被动的人只能被现实推着走,最终只会过上与自己的意愿背道而驰的生活。她说:"所谓主动,也可以说是挑战和批判的意识。不是被现实状况牵着鼻子走,而是自己主动创造条件成功。"

另外,金圣珠还经常强调处事要有灵活性。她说:"不要执着于过去,就会拥有灵活性。世界总是在变化的,而这变化并不

73 搞活公司的秘诀是正直——金圣珠

总是我们能够预测到的。做事情也是计划没有变化快,如果我们的预测是错的,就要立刻转换新的方向。"

此外,金圣珠认为,为了在 21 世纪生存下去,没有什么比"创造性"更加重要的事了。她将创造性定义为,在遇到问题时,正确认识自己的长处和短处,改变思考方式,有把自己的短处转换为长处的智慧和积极解决问题的能力。她还说:"创造性就像魔术表演一样,并不是在原本什么都没有的地方变出来什么东西,而是每个人通过努力都可以学会的技巧。"

韩国企业家 100人 100言

郑志宣

现代百货店集团董事长

74

有差异才能发展

——郑志宣

"没有差异化就无法发展。应当在所有事业部都积极尝试推进产品规划。所有商品和卖场都要带有现代百货店的元素。"现代百货店集团董事长郑志宣在 2014 年 7 月的集团高层会议上指出现代百货店的差别化策略。在竞争激烈的韩国流通产业中要争得一席之地，就需要让顾客对公司留有深刻印象。

郑志宣是现代集团创始人郑周永的孙子，也是现代家族第三代继承人中首个登上集团领导人位置的后起之秀。郑志宣早在 2000 年就进入现代百货店担任经营管理组部长，2001 年转为企划室理事，紧接着在 2002 年升为现代百货店企划管理部副总经理，2006 年晋升为百货店集团的副董事长，2007 年 12 月成为集团董事长。郑志宣成为集团董事长时仅 35 岁。

郑志宣并没有将这些头衔当作自己的荣耀，他从父亲和爷爷身上学到了"谦虚"和"诚实"。懂得如何放低自身姿态的郑志宣，在媒体约访时常称，"40 岁以后会积极参与外部活动"，此言体现出他在社会上的谨慎作风。

最具标志性的事件是，2010 年郑志宣发布了"PASSION

VISION 2020"的战略目标。这个目标从思考到策划全由郑志宣一手打造,目标包括发展百货店、媒体、食品等既有产业,推进大规模并购事业,如金融、建筑、环境和能源等,到2020年要创下20万亿韩元的销售目标。

现代百货集团原属现代集团,1999年从现代集团中分离出来。作为一家流通服务企业,现代百货集团以百货零售为主要业务,另外还运营着酒店、食品、综合有线广播等35家子公司。公司成立以来发展迅猛,2012年创下高达10万亿韩元的销售额,净利润达9 000亿韩元。

现代百货集团2011年年底收购了家具商Livart,紧接着在2012年收购了服装品牌Handsome。2014年起郑志宣开始率领百

货店进行版图扩张，入驻首尔和各个地方城市，并设立室外卖场以赢取更多客源。郑志宣一直在千变万化的国际潮流中寻求最切合韩国本土的发展模式，而这也是他的成功之道。

韩国企业家 100人 100言

郑溶镇

新世界集团副会长

75

成为能馈赠文化和艺术的公司
——郑溶镇

"和市场占有率相比,流通业的未来更系在消费者日常占有率上。(我们)不应成为卖东西的公司,而应成为能馈赠文化和艺术价值的公司。"韩国新世界集团副会长郑溶镇认为,应该打造一个一年365天、一天24小时与顾客同在的新世界。

作为三星集团创始人李秉喆的小女儿(新世界集团名誉会长李明熙)的长子,郑溶镇于1995年进入新世界任战略企划室战略组理事,随后在1997年及2000年分别升任企划调整室常务、经营支援室副社长,2006年起开始担任副会长一职,2010年在股东大会中就任代表理事。

郑溶镇成为代表理事后,在首次参加外部活动谈及新世界集团未来发展方向时说:"自然是要始终站在顾客的角度,为其提供最佳的服务,未来还要努力与合作公司互助共赢。"

他为了倾听顾客的心声、解决顾客的不满,花费了大量时间,甚至埋首于研究社交网络服务(SNS)。郑溶镇说:"我SNS上80%的留言都是顾客对新世界百货商店、易买得及星巴克的不满,其中有很多宝贵的意见对我们帮助很大。SNS是新世界与顾客的另一个沟通窗口,不可忽视。"

韩国企业家 100人 100言

　　郑溶镇还十分希望通过新世界实现"消费者革命",他表示:"尽管每家企业都高呼'顾客就是上帝',但实际上不少企业都无法做到。我希望消费者能够真正发声,真正被当作上帝一样对待。'消费者革命'是我们促进的'价格革命'的第一步。"

　　除了销售高档商品的百货商店外,新世界还运营折扣店。郑溶镇在不同卖场采取不同的经营战略。他说:"大型超市的竞争力是从'规模经济'中产生的,能够以低价销售好的商品。但百货商店不同,顾客不是单纯地为了购物来到百货商店的。他们希望在百货商店停留1~2个小时,以感受环境的舒适和愉悦。因此百货商店一定要做精,新世界百货商店虽然店铺数量少,但每家都正在成长为'地区代表性百货商店',未来也一样,不执着于数量,而努力提高质量。"

　　此外,他还直面当前线下流通渠道遭遇的成长瓶颈,开始进军免税店市场以寻求新的突破口,并在2015年11月的免税店经营权大战中获得了首尔市内免税店经营权。

75 成为能馈赠文化和艺术的公司——郑溶镇

郑溶镇强调:"新世界免税店不可以成为那种在世界各地都可以看到的相似的店铺,而应该成为唯一的、有个性特色的免税店。"

韩国企业家 100人 100言

李富真

新罗酒店社长

76

成是各位的功劳，败是我的错误

——李富真

"我是不可能脱下社长这身衣服的。如果成功，是各位的功劳；如果失败，是我的错误，所以不要有负担。"2015年7月9日，新罗酒店社长李富真来到首尔市内免税店候选企业面试现场激励员工时说道。当时公司内部有传言称"根据本次免税店大战的结果，员工们有可能脱下公司制服被炒鱿鱼"，李富真便亲自前往"阵前"安抚人心。

作为企业的最高经营者（CEO），李富真将责任全部扛在肩上，并用"不会脱下这身衣服"的比喻让员工们吃下定心丸。

一直以来，李富真都以绝不向旁人推卸责任的企业家形象闻名。从延世大学儿童学系毕业后，她于1995年进入三星福利财团保育事业组工作，后于2001年进入新罗酒店工作，2004年及2009年历任新罗酒店经营战略部门常务及三星爱宝乐园经营战略部门专务，2010年起任新罗酒店社长。

自从李富真成为新罗酒店代表理事以来，一直保持着注册高管身份，她是三星集团三代经营者中唯一一位注册高管。三星相关人士表示："李富真能成为注册高管也体现了她强烈的经营责任心。"

另外，关于新罗酒店的发展，李富真认为提供客房及饮食等传统服务的酒店事业成长空间有限，因此将全部力量都集中于发展免税店。

在升任社长次年的 2011 年 9 月，李富真亲自拜访并说服了路易威登社长，成功招揽了路易威登进驻仁川国际机场的新罗酒店免税店，成为全球首家拥有路易威登的机场免税店。

2013 年新罗酒店收购了东和免税店 19.9% 的股份（价值 600 亿韩元），超过世界第一的免税店企业 DFS，并获得了新加坡樟宜机场免税店钟表卖场的经营权。2015 年 3 月又收购了美国免税店企业 DFASS 44% 的股份（价值 500 万美元）。目前，新罗酒店还持有在仁川国际机场及仁川市内经营免税店事业的 ENTAS DFASS 股份的 29.9%。

在 2015 年 7 月的首尔市内免税店经营权大战中，新罗酒店由于在韩国免税店市场中占有率超过 30%，因此备受"垄断"质疑。更大的问题是，其在首尔市内没有合适的运营免税店的用地。然而，李富真携手现代产业开发一次性将该问题解决。现代

76 成是各位的功劳，败是我的错误——李富真

产业开发虽然有合适的用地（龙山站 IPARK MALL），但没有经营免税店的经验，因此二者"联姻"诞生了 HDC 新罗免税店，这一妙法也被业界盛赞为"神来之笔"。

韩国企业家 100人
100言

尹泳达

可拉奥海太食品公司董事长

点心也可以成为艺术
——尹泳达

"当职员变成艺术家,点心也将成为艺术。"这是韩国著名食品公司——可拉奥海太(Crown Haitai)制果董事长尹泳达就公司发展目标说的一番话。

尹泳达强调,点心也是种雕塑,同样有可以成为艺术品的理由。激发人们对于艺术品的感动,需要拥有外形、设计、包装等元素。当他教育职员要像艺术家那般去烘焙点心时,公司出现了"雕刻家"做的点心、"诗人"做的点心等,因为是用心去做的事情,点心也如职员的个性般体现出丰富多彩的艺术特征。

1969年,尹泳达进入其父创建的可拉奥制果公司工作;1980年年初,又自辟门路在仁川设立点心工厂;1995年,尹泳达再次回到可拉奥制果公司,然而仅3年后,便遭遇了金融危机,面临倒闭,但是尹泳达最终通过顽强拼搏救活了公司。

在此过程中,尹泳达学会了要壮大公司的规模,才能在危机到来时屹立不倒。这也是为了与竞争企业乐天、好丽友等抗衡。当时尹泳达相中了1997年破产倒闭的传统点心生产商海太制果,并于2005年成功对其进行了收购。

而尹泳达的艺术经营方针也因收购海太制果而起。尹泳达表示，2004年12月，距离收购海太制果仅剩一个多月时间，当时他决定将公司高层的心紧紧联系在一起，并引入一个公司内部的综合教育项目，让员工互相鼓励、共同成长。

这个教育项目被赋予"艺术智商"（Artistic Quotient）的标签，向员工传授国乐、文学等传统知识，以培养员工在产品产销环节中的艺术品位。

尹泳达曾强调，所有职员都应当从营业员开始做起。他表示，一般情况下，90%的点心都可以看作消费者的"冲动购买品"。当下社会并不是因为没有可以吃的东西而去购买点心，也不是因为肚子饿了才吃点心，大部分购买点心的消费者"吃"的

77 点心也可以成为艺术——尹泳达

是一种艺术感觉和情趣。因此，做点心要能让人在购买时找回童年的梦想，感受到点心所赋予的快乐和艺术气息，这也是 Crown Haitai 公司追求的目标。

韩国企业家 100人 100言

林盛基

韩美药品创始人

78

没有危机感将难以开拓新市场

——林盛基

"若没有一点危机感,就永远不可能开拓新市场。如果不能取得成功,我会把投资想象成一种学费。但为了成功,我们都需要付出百分之百以上的努力去挑战。"这是在 2012 年,由林盛基率领的韩美药品团队在与美国制药商展开专利纷争时,林盛基对职员说的一番话。

韩美药品成立于 1973 年,注重研发与全球化,并以此为动力走向世界性制药企业之路。韩美药品是韩国研发费用投入最多的制药企业之一,目前正在为研发韩国首款全球新药而快马加鞭。韩美药品曾运用从非专利药品到改良新药再到新药的韩国式研发战略,成功研发出具有市场潜力的多款产品,创下了韩国制药业历史上最大规模的技术出口纪录。

目前韩美药品已成为韩国的第二大制药商。该公司在 2014 年的销售收入仅有 6.86 亿美元(1 525 亿韩元),但在 2015 年一年就达成了 4 笔重大专利授权交易,合同总金额高达 56.23 亿美元。

2015 年年底,韩美药品宣布与赛诺菲以及比利时杨森公司达成合作,而早在 2015 年 3 月,韩美药品就与礼来达成一份高达

6.9亿美元的独家授权及合作协议,礼来看中的是韩美药品正在开发的一款免疫疾病治疗剂(HM71224),在随后的7月,勃林格殷格翰公司宣布与韩美药品达成一项排他性许可合作协议,即对表皮生长因子受体突变阳性肺癌治疗的第三代表皮生长因子受体靶向治疗药物(HM61713)的开发和全球商品化权利的合作协议,在此项协议条款约束下,韩美药品获得首期付款5 000万美元,并有权获得6 800万美元的潜在阶段性付款,以及按净销售额收取两位数的提成。

2015年,对韩美药品来说,可谓是赚得盆满钵满,殊不知这家企业在2010年遭遇营收亏损的打击,主要原因是公司研发投入太高,导致业绩极速下滑。在外界一度盛传公司将会调整研发投入的时候,公司依然义无反顾地提高了研发比重。2011年公司研发投入占到销售额的13.5%,到了2014年已经占到了销售额

78 没有危机感将难以开拓新市场——林盛基

的20%。

林盛基表示,打造全球新药品是自己毕生的梦想。只有成为制药强国,才能保护好国民健康,国家也才能得以健康发展。

韩国企业家 100人
100言

孙京植

CJ 集团会长

79

CEO 应当成为战略家

——孙京植

"如果要谈对企业经营最重要的两点的话，其一是制定战略，其二是实践能力。"CJ 集团会长孙京植在谈及企业家必备的两项素质时说道。

孙京植解释道："CEO 需要具备很多能力，但位于首位的是优秀的 CEO 必须成为优秀的战略家，要成为能够制定出色的经营战略和经营政策的人。"他强调："好的 CEO 不是自己独自做事，而是要带领团队，做好领导的角色，既要懂得知人善任，又要能激起团队的积极性。好的 CEO 要做出正确的决策，虽然要广泛听取周围的意见，但迅速做出决定，并强力地去执行十分重要。"

孙京植是三星集团创始人李秉喆的长子李孟熙的妻弟，尽管他曾进入首尔大学法律系学习，但从学生时代起就一直胸怀着"企业人"的梦想。他说："企业经营者做的事情比起其他工作范围更广，更有建设性，所以从学生时代起，我就梦想成为一名企业经营者。"

从韩一银行开启职场生涯的孙京植于 1968 年进入三星电子任职，从此与三星结下不解之缘。1974 年进入三星火灾海上保险，历任理事、代表理事专务、社长及副会长。1993 年，CJ 集团从三星集团中独立出来，孙京植随之从代表理事副会长升任会长。在 CJ 集团从三星集团独立的初期，孙京植代替姐姐领导集团，促进了 CJ 的发展。

孙京植说："就像人生是由连续的选择组成的一样，企业经营时也必须做出选择。作为 CEO，选择的过程从来都不容易。所谓战略，从来不是只有一种，在选项 A、B、C 之间必须做出选择。在进行战略开发时，不能人云亦云，必须要自己亲自思考。"

另外，孙京植还因始终如一地奉行"正道经营"而得到财界的尊敬。

孙京植表示："我一直认为，脚踏正道才是最佳的道路。平时做事时也总是追寻正道，遇到困难时，总是先问自己我现在能走的最好的路是什么。只有这样，其他人也才能产生共鸣，我才可以自信地处理每件事。"

此外，孙京植还历任大韩商会会长、产学合作世博会组委会共同委员长、韩美友好协会理事长、首尔 G20 峰会准备委员会民间委员、国家竞争力强化委员会委员长等，为韩国经济的发展做

出了重要贡献。

孙京植经常强调,企业作为社会的一员,应积极扮演好自身的角色,承担社会责任,"和个人相比,企业的社会影响力更大,除了创造收益外,如果能履行如公正等更多的义务,也更能得到其他社会成员的认同"。

韩国企业家 100人 100言

辛春浩

农心集团创始人

80

我为国民制作方便面

——辛春浩

"我从没为平民制作过方便面。方便面不是平民的专属。我为全国民众制作方便面。"农心集团创始人辛春浩常向周围的人说起这些话。他为了方便面事业奉献了自己的一生。

辛春浩称,若我只是考虑为平民制作方便面,那么这么好吃的方便面产品就不会出口卖到全球84个国家。辛春浩将方便面的成功秘诀归结为"调料包",并将公司的全球事业规划核心定位为"保证农心品牌的原汁原味"。比如说辛拉面,这款速食泡面的辣味即使不能受到其他国家消费者的欢迎,也不会为了符合当地消费者的口味而做改变,而是要更为努力地将这种地道的韩国辣味扎根该国消费市场。

农心株式会社成立于1965年,是以制造方便面、膨化食品(饼干)及其他食品加工为主导产业的韩国大型食品生产集团,在世界各地建立了强大的销售网络,其产品销往世界80多个国家和地区。集团还拥有7个分公司,经营业务遍及农产品、食品加工、商业、化学、印刷、电脑信息、工程设计和进出口贸易等多种项目。

创立公司以后,农心集团还设立了自己的研究所,持续投资并研究开发有利于满足国民饮食生活需要的产品，为韩国饮食文化的发展立下了汗马功劳。迄今为止，农心集团开发出的畅销产品有辛拉面、安城汤面、Noguri面、炸酱面、细丝牛肉汤碗面、鲜虾大碗面、辛辣大碗面、乌冬面等方便面产品，以及鲜虾条洋葱圈、芝麻红薯条、蜜汁麻花、马铃薯片等零食，种类之多，数不胜数。

辛春浩当年开展事业时，曾预测到农村人口迁移至城市的速度会变快，由此方便面等速食产品的需求将会进一步扩大。曾为农民的辛春浩深刻体会过当年大米产量不足情况下民众解决三餐的困难，认为生产方便面弥补大米不足将是件有意义的事情。

辛春浩一直坚持一个经营方针，就是从不会去问责职员的失败。他认为，失败乃成功之母，吃一堑长一智，从失败中总结经验，将失败化为动力与捷径，这也是农心集团能够成为国际企业的推动力。

韩国企业家 100人 100言

咸泰浩

不倒翁公司创始人

81

关注带来变化

——咸泰浩

"关注带来变化。"韩国不倒翁（Ottogi）公司创始人咸泰浩常常强调要关注周围的事情。这句话收录在2007年刊发的他的个人经营语录中。

不倒翁有限责任公司是一家总部位于韩国首尔江南区大峙洞和京畿道安阳市东安区坪村洞的食品公司。该公司是第一家商业化运作的韩国日式咖喱生产公司，并成为韩国市场上最成功的公司之一。不倒翁在1969年5月成立，公司第一个产品是即食的咖喱制品，也是韩国第一个商业化的咖喱产品。1973年，公司改名为现在的名称，它在韩语中的意思是：韩国不倒翁玩具或达摩娃娃。1981年，公司推出三分钟快餐产品。两年后，它设立了第一家研发中心。

不倒翁公司生产超过1 000种食品，包括金枪鱼罐头和调味品。公司最知名的产品是韩国风格的即食咖喱制品、番茄酱和蛋黄酱。20世纪80年代，公司在韩国市场战胜跨国生产商，如亨氏公司、好乐门和"Best Foods"，占据了韩国超过80%的番茄酱和蛋黄酱市场份额。公司还生产方便面、挂面、饺子、茶等。公司是麦当劳（韩国）唯一的调味品供应商。

1930年出生于咸镜南道的咸泰浩，其创业精神被业界评价为

韩国企业家100人100言

"固执的胜利"。当年外国商标在韩国盛行时，唯有他坚持打造民族品牌，并最终帮助韩国品牌在世界上站稳了脚跟。

1985年起，韩国食品市场开始向外国开放。大部分企业担心自己的产品会被外国产品冲击，只有咸泰浩认为这是一个将自家品牌推出去的绝好机会。

最终，不倒翁公司的食品突破了韩国本土企业的界限，与各国著名食品企业交锋，在市场上获得了一席之地。其间曾有外国企业入驻韩国挑战不倒翁公司的，但最后还是以不倒翁公司的胜利告终。咸泰浩表示，带着责任心去守住我们的市场，自然能够在竞争中取胜。

咸泰浩之所以被别人评价为"顽固"，是因为他只选择了食品这一条道路，并坚持走下去。不同于其他大企业的多管齐下，咸泰浩只专注一样业务。不倒翁公司目前已经成长为年销售额超过两万亿韩元的企业。

咸泰浩一直以来专注投资开发，主要投资全都放在产品开发

81 关注带来变化——咸泰浩

和生产设备升级上,从未注重门面包装。公司创建50年来,仅有一栋位于首尔大峙洞的大楼。他强调,只有舍得在设备上投资才能生产出好的产品,不会在门面或是理财上下功夫,现在不会,未来也不会。

韩国企业家 100人
100言

郑有庆

新世界百货店总括社长

82

能想象到的就不算新鲜的
——郑有庆

提到郑有庆，人们最先想到的是新世界集团董事长李明熙（三星集团创始人李秉喆外孙女）之女——新世界集团副会长郑溶镇的妹妹。但若只说她是"三星家族"中的一员，那还远远不够。

郑有庆大学时代就读于梨花女子大学应用美术专业，毕业后赴美国最高艺术学府——罗德岛设计学院继续深造。感性与细腻的艺术品位，以及对全球最前卫艺术趋势的敏锐观察力使她管理下的新世界百货店具有浓厚的艺术氛围。

1996年担任新世界朝鲜酒店市场部副常务一职的郑有庆凭借出色的业务能力，于2000年晋升为部门常务。2003—2009年，她担任项目室长一职。2009年12月，她晋升为副总括社长。在2015年年末的人事大会上，她被正式任命为总括社长，这一年也是她学习经营学课程的第20个年头。

郑有庆行事细心谨慎，同时在面临重大决策时也非常果断坚决。

在朝鲜酒店任职时，小到便笺纸、房间钥匙等顾客经常使用的小物件，大到客厅的翻修装潢，她都会详细过问。

韩国企业家 100人 100言

2014年夏天，新世界百货店总店餐饮市场正面临改革，她不顾周围劝阻，执意撤除星巴克店铺转而运营韩国年糕店。这一举动意外赢得了消费者的一致好评。

她还引进以世界艺术巨匠杰夫·昆斯的名作《圣心》为主题的雕刻公园，创立了深受纽约、米兰、巴黎等地时尚界人士欢迎的新时装品牌"Boon the Shop"，引进乔治·阿玛尼等世界著名奢侈品品牌。这一系列举措赋予了新世界百货店奢华高贵的品牌形象。

2012年，新世纪百货店收购著名彩妆化妆品品牌"VIDIVICI"，与各大化妆品生产代工企业（OEM）建立合作伙伴关系，正式进军化妆品产业。

"能想象到的就不是新鲜的"——正是凭借对于未知领域的探索精神和对于新鲜事物的求知精神，郑有庆具备了常人难以具备的观察力和对未来事物敏锐的判断能力。

82 能想象到的就不算新鲜的——郑有庆

兼备"设计经营"理念和"百货店改革"精神的郑有庆总括社长将同新世界精英们一道,为顾客提供前所未有的全新价值,开辟出一条独树一帜的道路。

韩国企业家 100人 100言

李钟根

钟根堂创始人

83

锥子要用头扎

——李钟根

"锥子要用头扎,不可能用手柄扎。所有事情都有一定的顺序和道理。从小事开始,从简单的事开始,一件一件去学去做,最终就能完成大事。就像水往低处流一样,锥子要用头扎是亘古不变的真理。"钟根堂创始人李钟根强调,不管是作为普通人还是企业家,生活总是像这句话一样,应遵循这种不变的真理前行。

1919年9月,李钟根出生于忠清南道唐津郡,1934年从普通学校毕业后,先后做过铁匠铺学徒、电气商会杂工、碾米厂大米送货员及卖药小贩等。1941年5月,时年二十出头的李钟根建立了钟根堂前身"宫本药房",后受中国抗日战争影响而不得不暂时关门。

韩国解放次年(1946年),李钟根在首尔阿岘洞建立了一家以自己名字命名的"钟根堂药房",开始批发医药品。他称:钟根堂兴,李钟根兴;钟根堂亡,李钟根亡。

1956年1月,钟根堂变身为制药公司,开始正式开发医药品。李钟根积极促进与海外优秀制药公司的合作,1958年通过和丹麦利奥制药公司进行技术合作,开始销售抗生素,大获成功。

韩国企业家 100人 100言

　　1965 年，韩国首个国际规模的抗生素原料合成工厂竣工，氯霉素和四环素等原料开启了国产大幕。1968 年，钟根堂药房成为首家从美国食品药品管理局（FDA）处获得药品批准（氯霉素）的韩国企业。以此为契机，钟根堂药房开始积极向海外出口抗生素，实现了 900 万美元的出口业绩。

　　1969 年，公司正式更名为钟根堂；随后，公司在 1971 年建立了安城玻璃工业；1972 年，公司建立了首家服务于韩国企业的中央研究所。

　　1983 年，李钟根通过与瑞士罗氏制药公司合作，建立了韩国罗氏并推出了镇痛剂 SARIDON。1993 年，李钟根与瑞士罗氏结束了 10 年合作，作为 SARIDON 的后续产品，韩国自主制造的镇痛剂 PENZAL 在当年问世。1986 年，钟根堂产品综合消化剂 ZESTAN 被指定为 1986 年亚运会和 1988 年首尔奥林匹克运动会的官方消化剂。

83 锥子要用头扎——李钟根

一直强调"勤勉诚实"的李钟根对职员们说:"信念、想法和努力并不是各自单独存在的。在坚定信念的同时,应该深入思考,不遗余力地努力。这三项缺一不可。"他叮嘱职员谨记,努力发展钟根堂,从小处说,是为了个人生活;从大处说,是为了人类健康。

韩国企业家 100人 100言

李叙显

三星物产时尚部门社长

84

应该比现在的速度快 10 倍

——李叙显

"应该比现在的速度快 10 倍。应向外界拓展眼光,加强与其他产业间的分工合作,实现世界化之梦。"2015 年 12 月,三星物产时尚部门社长李叙显在采用单独代表体制一周后,在公司内的广播中全面提出了"速度经营"的理念。

这与李叙显的父亲——三星电子会长李健熙强调的"马赫经营"一脉相承。这种经营理念虽然延续了三星集团的经营哲学,但同时也加入了他个人的创新。

李叙显表示,时尚产业的梦想是实现"世界化"、拥有国际品牌,将三星物产打造成国际化公司。她强调:"如果要实现梦想,就需要速度、outlook(展望)和合作。这三项需要全体员工践行。"

李叙显毕业于美国 Parson 设计学校,2002 年进入第一毛织(现三星物产时尚部门)时尚研究所任部长,随后担任企划专务、第一毛织及第一企划副社长、第一毛织经营企划社长、第一企划经营战略社长等,积累了大量时尚领域的经验。

李叙显有着引领三星时尚事业走向兴盛的强烈愿望。她说:"别人可能不清楚,事实上,三星根植于时尚。在进入电子领域前，20 世纪 50 年代，三星是从纺织部门起家的。"

2011 年 2 月 8 日，在为培养时尚产业而召开的政策座谈会上，李叙显说："韩国设计师们的潜力好像非常大，但至今还没有出现国际品牌和国际设计师，对于这一点，我个人深感遗憾，并且非常希望，未来韩国能出现连接世界的设计师和品牌。"

2005 年，李叙显成立了"三星设计基金"（SFDF），发掘并支持有可能得到国际认证的新人设计师。通过 SFDF 而走向国际舞台的韩国设计师们正在打造"李叙显生态链"。

另外，2016 年 4 月 20 日在首尔新罗酒店举办的"康泰纳仕国际奢侈品行业研讨会"（Condé Nast International Luxury Conference）上，李叙显发表演讲时强调："未来，时尚产业如何与尖端信息技术融合将是成功的关键。"她说："大数据、虚拟现

实（VR）、人工智能等技术对我们生产和消费中包括名牌产品在内的时尚产品有非常大的影响。三星时尚研究所以过去50年收集到的大数据为基础，正致力于掌握客户需求及趋势预测。"

韩国企业家 100人 100言

金 鈗

三养控股集团会长

85

为了自己而积累实力

——金鋊

"每条成功之路都向各位开放,但光明的未来要靠各位的努力来换取,积累实力并不是为了公司,而是为了自己的人生。"

三养控股集团会长金鋊在 2010 年与新入职职员举行座谈时如是说,当时的对话主题是"经营哲学和人生哲学"。不断积累的实力最终并不是要给公司或者家人带来帮助,而是给自己带来提升,实力提高后自然会得到公司的认可。从这些话中可以看出金鋊会长先进、合理的人才培养理念与经营哲学。

金鋊会长引领了三养集团的革新和挑战,对人才培养十分重视。就任以后每年同新入职员工举行座谈的目的是听取年轻人的心声,了解他们的想法。2014 年听取了员工理事会"C&C Board"的建议后,公司对员工的服装规定解除,这对于将穿西装、打领带看作传统的三养集团来说,是非同寻常的事件。金鋊会长说,希望这一决定能够成为集团构建全新组织文化的契机。

三养集团成立于 1924 年,是一家拥有 90 多年历史的长寿公司。公司起源于农场,与民众生活息息相关。集团创始人金季洙建立了韩国第一家企业型农场,1955 年在蔚山建立了韩国最早的现代化制糖工厂。20 世纪 60 年代化学纤维产业兴起时,金季洙

韩国企业家 100人 100言

在全州建立了一家纺织工厂，集团的业务使当时民众的生活水平提高了一个台阶。此后，金相鸿会长在80年代开始进军制药领域。

与之前的会长一样，金相鸿会长的经营哲学也是紧密围绕消费产品市场。金相鸿在20世纪90年代担任集团社长时，开始大手笔整合集团其他业务。他在1998年将收益低迷的金融和通信项目进行切割，开始集中开展纤维、食品和化学项目。相比于盲目拓展业务领域，金相鸿认为集中力量开展优势项目更重要。从2000年开始，集团制定了以医药和生物两大项目为重心的发展目标，此前的食品业务也实现了新的转型。

2004年，时值三养集团成立80周年，升任为控股公司会长的金铉宣布公司今后将进军CI产业领域，并将企业发展目标定为"带来丰富多彩生活的企业"，目的是继承三养集团成立初期的经营哲学，同时发掘新的产业项目。金相鸿会长此后对食品项目的

品牌进行大幅改革，在面粉、白糖、食用油等产品上改换"Q1"（Quality No.1，质量第一）的牌子，品牌形象趋于年轻化。

三养集团在化学、医药和生物领域也依靠坚实的技术实力取得长足发展。韩国国内销量第一的戒烟辅助剂"尼古停"、不用拆线的手术缝合线、抗癌药等都在国内市场相关领域站稳脚跟。

2014年，金錞会长将三养集团90年的历史定义为"挑战"和"进化"。当被问及三养集团长盛不衰的秘诀为何时，金錞会长回答说，最重要的是要有辨别能力，要认清自身实力，在自己无法承担的项目领域要懂得适可而止，这也是"安分以养福""款胃以养气""省费以养财"的"三养训"精神之所在。"三养训"正是公司的社训和名字的来源。

韩国企业家 100人 100言

洪锡肇

BGF 零售集团董事长

要不断变化才能生存下来
——洪锡肇

BGF 零售集团董事长洪锡肇在 2014 年新年祝词中说道:"要不断变化才能生存下来。"那一年 BGF 零售集团正式上市,登上了竞争更加激烈的大舞台。

BGF 零售集团旗下有 CU 便利店,集团以较为保守的管理风格出名,一般不进军容易造成损失或者没有胜算的领域,每一次决定都经过内部多次反复协商。虽然这种严谨的氛围可能会让人质疑是否会使集团成长速度减慢,但也正是这种严谨作风帮助 BGF 坐稳了行业一把手的位置。因为严谨,所以更加滴水不漏。洪锡肇的为人和其领导风格如出一辙。

洪锡肇于 1953 年 1 月 8 日出生在首尔,家世显赫,背景条件几乎完美无缺。洪锡肇父亲是三星电子董事长李健熙的岳父、韩国前《中央日报》社长洪璡基,姐姐是前三星 Leeum 美术馆馆长洪罗喜,哥哥是前《中央日报》社长洪锡炫。

洪锡肇的个人履历也非常华丽。他毕业于韩国最高学府首尔大学法学院和美国哈佛大学研究生院,后通过韩国司法考试成为检察官,历任大检查厅企划科长、法务部检察局局长、光州高等检察厅检察长,一路走来顺风顺水。2005 年韩国爆出三星 X File

事件后,洪锡肇决定退出法律界,进军商界。

2007年洪锡肇任保光全家代表董事。当时不少人质疑刚刚结束公务员生活的洪锡肇的胜任能力。实践证明,洪锡肇不仅将保光全家打造成了业界第一的便利店,还帮助其在营业利润和业务稳定性方面取得了压倒性优势。

虽然洪锡肇的经营风格一贯比较保守,但是在需要当机立断之时,他从不犹豫。2012年,洪锡肇果断决定将公司名称由保光全家改为BGF零售。由于保光全家已经有22年的历史,积累了很好的市场认知度,当时持反对意见的人不在少数。洪锡肇为了给顾客更为亲近的感觉,毅然决定放弃使用日本色彩浓厚的名称,而将便利店改名为CU。这在当时的日本便利店业界也引起不小的影响。洪锡肇强调,CU是"为您服务的便利店",致力于让顾客和加盟店主做主人。

2014年,BGF零售集团成功上市,仅一年总市值就翻番,并超越对手GS零售集团。为了提升经营效率,调整分公司经营结

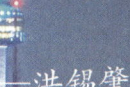

86 要不断变化才能生存下来——洪锡肇

构，开拓海外市场，洪锡肇一直在海外奔波。洪锡肇表示，自2012年集团从借用海外品牌的特许经营商（Franchisee）转变为收取加盟费的特许经营授权商（Franchisor）后，获得了巨大的成功。日后集团将在国际流通业发光发热，不仅要在国内便利店业保持业绩稳定增长，还要朝着成为国际流通企业的目标前进。

BGF零售集团将便利店业务单独分出来，设立分公司BGF，日后集团又以BGF为中心推进新业务。为了发展新鲜食品配送业务，BGF集团已经收购了SK Planet的Hello Nature公司的股份，并将目光瞄准市场竞争还不是很激烈的伊朗、蒙古等发展中国家。

洪锡肇的管理风格用一句话来概括便是静中求动。他表示，如今我们迎来了不断变化发展的时代，只有根据环境求变化的人和组织才能生存下来，获得发展。BGF日后将会根据顾客的需求和时代的变化而不断改变，成为知变、懂变、求变的企业。

韩国企业家 100人
100言

李海珍

NAVER 创始人

87

数百次的失败尝试造就成果

——李海珍

韩国最大的互联网公司 NAVER 是作为三星 SDS 公司内部的第一个风险项目于 1994 年开始设立的，1999 年这家公司正式宣布进入门户网站领域。

在当时的门户网站市场中，除了谷歌、雅虎等跨国巨头，还有 Daum、LYCOS 等实力强劲的国内竞争者。但是 NAVER 创始人李海珍最终打败了这些竞争者，在 2005 年使公司发展为韩国排名第一的门户网站。

李海珍在 NAVER 的创业过程中经历了艰难的挑战，遇到了数次大的波折。

第一次是在 2000 年，李海珍和金范洙携手收购了 HANGAME。而当时正值互联网泡沫破灭之时，NAVER 也出现了 80 亿韩元的亏损。到 2001 年时，公司的现金只够支撑 6 个月。

在这种情况下，NAVER 仍旧收购 HANGAME 的原因在于，公司决定将业务集中在搜索广告和网页游戏上。后来的事实证明，这一选择非常正确。李海珍说："有了热情才会投入，投入了才能了解用户的心思，了解用户的心思才能创出收益模式。"

第二次选择是在 2000 年，NAVER 推出全球首个"综合检索"服务。当时韩国的数据库不足，检索的结果大部分都是英文网站，而 NAVER 开发出了可分辨信息重要性并将最为重要的信息放在最前面的检索系统。

第三次选择是在 2001 年，NAVER 推出了"内容检索"服务。这项服务可把用户所需要的结果呈现出来。例如，当用户检索特定人物时，便会出现该人物的照片和履历。

NAVER 在韩国国内大获成功，但其海外业绩却十分惨淡，2000 年开设的 HANGAME 日本分公司、NAVER 日本分公司先后失败，更为严峻的是，市场逐渐从互联网转移到了移动互联网上。

在危机感之下，李海珍将公司的前景重新定位为"移动"和"全球"。2011 年，公司在深思熟虑之后做出了一个起死回生的选

87 数百次的失败尝试造就成果——李海珍

择:推出了全球即时通信应用"连我"(LINE)。在问世 26 个月之后,"连我"的全球用户达到了 1 亿,成功在这一市场中占据了一席之地。

李海珍说:"我从'连我'中感受到了职员们的绝望,也感受到了他们的众志成城。事业也是如此,成功并非来源于一次天才性的创意,而是在数百次的尝试后也没有成果,最后以恳切的心再度尝试才能获得。"

韩国企业家 100人 100言

金泽辰

NCsoft 创始人

忘情挑战方能成就定局

——金泽辰

韩国著名游戏商 NCsoft 的创始人金泽辰,既是游戏产业的开拓者,也是一个对韩国软件产业发展有杰出贡献的人物。

就读首尔大学电子工学系期间,金泽辰曾在电脑研究会工作过一阵,1989 年与李璨振(现知名门户网站 Dreamwiz 代表)开发了韩语输入平台,并创立了公司 Hanmesoft,研发了 DOS 系统专用软件《Hanme 打字教师》。

金泽辰在毕业后进入现代电子公司工作,开发了全球首个基于网络的电脑通信系统"AMI NET"。已故现代集团创始人郑周永曾称他是自己一直在关注的年轻人。

离开现代电子公司后,金泽辰于 1997 年 3 月创办了 NCsoft 公司,并于翌年推出了大型多人在线游戏《天堂》。这款游戏问世后惊爆全球,自开服以来至今已连续畅销很多年,年销售额达到 2 500 亿韩元,为公司带来四成的收入,是 NCsoft 的成名代表作。《天堂》不仅在韩国游戏业中树立起一道新的地平线,也成为如今韩国游戏成功走向世界的代表性巨作。2015 年 12 月 9 日,时逢《天堂》问世 17 周年之际,金泽辰在记者招待会上发言称,《天堂》刚上架时,几乎没有人相信它能走到今天,但它还是做到了。

　　金泽辰注重的是一种投入而执着的挑战精神。他成功的秘诀在于忘情挑战，而不是一味地去计划和设计些什么。对他来说，那些都是洞察事物本质后的"游戏"。

　　"不管做什么，需要一种长时间的关注，可能给人看起来像是一种强迫症，但实际上是一种具有挑战性的投入状态。这并不是靠热情在支撑，真正的动力来自你对结果的强烈期盼。"金泽辰如是说。

　　为顺应移动端市场的迅速发展，专注于网络游戏的金泽辰，开始研发可实现电脑与手机等移动端平台同步对接的游戏产品。他表示，NCsoft 所走的路与其他游戏公司不同，NCsoft 的方向永远是迎接新的挑战。通过新的技术去玩转游戏，挑战别人不敢进入的领域。金泽辰说："都说我是个成功的人，但我不觉得。人生没有百分之百的成功,也没有永远的失败。我想要像一个带着求学欲的学生那样活着,而不是仅仅记住今天的成功。"

韩国企业家 100人 100言

金范洙

Kakao 创始人

89

已有的知识是革新的绊脚石

——金范洙

移动互联网时代来临的 2010 年,Kakaotalk 横空出世。

Kakaotalk 在问世两年后便成为韩国移动互联网界的中心。2014 年 5 月,Kakao 宣布和 Daum 合并,再度让世人震惊。

在移动服务行业排名第一的企业和韩国第二大门户网站的合并宣告了 IT 领域将诞生贯通信息与沟通、线上和线下的生活平台。而主导这一切的正是 Kakao 创始人金范洙。

"一起享受谁都不走的路吧!"金范洙在和 Daumkakao 职员见面时这样说。就像他一路走到现在,今后他也将成为令业界震动的新闻人物。

金范洙毕业于首尔大学,曾经在三星 SDS 工作,并是 UNITEL 服务的开发功臣之一。金范洙敏感地预见到了信息通信领域即将发生的大变化,于是在汉阳大学前开了一家电脑房,走上了创业之路。

金范洙在这家电脑房里创建了游戏门户 HANGAME,在很短时间内便吸引了 1 000 万会员。之后 HANGAME 和当时的门户网站后起之秀 NAVER 合并,为今天的 NAVER 打下了基础。

金范洙于 2004 年出任 NHN 法人代表,2007 年又担任总管海外事业的美国法人代表，但同年 8 月他却递交了一纸辞呈。金范洙已经下定决心进行更大的挑战。

回到韩国后，金范洙开始涉足移动服务领域，之后便有了 Kakaotalk。当被问及成功的秘诀时，他回答道："因为没有被网络领域的成功经验所束缚，脑中已有的知识是革新的绊脚石。"

正如他所说，Kakaotalk 的成功并非来源于原有的成功公式，而是开发了最适合移动网络的全新平台。金范洙总是强调："专业性会构建起特定的框架，而这会模糊了问题的本质，妨碍创新想法的形成。"

金范洙认为，与其介意竞争者，不如思考如何改善服务；若介意竞争对手，那么服务会变得相似，那样的话，Kakao 这样的小企业是无法追赶上资金充足的大企业的。

89 已有的知识是革新的绊脚石——金范洙

与 Daum 合并之后,金范洙说:"NAVER 是第一,Daum 是第二,如果一直走相同的路线,Daum 怎么可能赢 NAVER?新的合并法人必须改变路线。"于是金范洙宣告了 Daumkakao 的改革。无论处在任何情况,金范洙永远不变的便是革新和挑战。

韩国企业家 100人 100言

黄昌圭

KT 集团董事长

90

如果想称赞我,请不要进入我的办公室
——黄昌圭

2002年2月,国际固态电路会议(ISSCO)年会在美国旧金山开幕,一位中年亚洲男人出现在大会上,语气沉着自信,慢慢说道:"半导体集成密度将在一年内增加两倍,主导其发展的并非电脑,而是移动设备及数码家电等。"

著名的"黄的法则"就此横空出世。在此之前,半导体集成密度将每隔一年半增加2倍的"摩尔法则"已在业界根深蒂固。尽管人们对"黄的法则"公开挑战"摩尔法则"持半信半疑的态度,然而不久以后,现实就宣告了"黄的法则"的胜利。

"黄的法则"的主角正是韩国移动通信运营商——KT集团董事长黄昌圭,带领韩国超越日本成为世界半导体市场龙头老大的掌舵人。20世纪80年代末,日本日立研究所副所长曾对黄昌圭傲慢地表示:"韩国的半导体技术即使过20年也无法追上日本。"1989年,不服气的黄昌圭带着"一定要超越日本"的想法进入了三星电子。

在黄昌圭进入三星仅5年后,就成功打击了日本的嚣张气焰。1994年,由他带领的开发组先于日本成功开发出了256DRAM,而将其正式对外发布的日子恰是"庚戌国耻"纪念日——8月29

日。尽管日本对于这项研究结果表示"无法相信",但在国际学会及美国 HP 的一片赞扬声中,日本也不得不承认韩国的技术实力。之后,韩国逐渐超越日本开始掌握世界半导体市场的主导权。

在黄昌圭逐渐成长为 CEO 的过程中,十分注重聆听"批评"的声音。他的办公室从来不许一味夸赞他的人进入。他说:"来称赞我的人是不能进我的办公室的。如果有那样的人,我一定会把他踢出去。相反,我欢迎那些对我说'不能这样做''不能那样做'的人进入我的办公室。"

2009 年,黄昌圭离开三星电子,后任成均馆大学客座教授,于 2014 年成为 KT 集团董事长,开始在经营一线打拼。尽管有人质疑一直埋首于学术的黄昌圭能否成为 KT 的领导者,但黄昌圭提出"国际第一的 KT"等目标后,为沉寂的 KT 带来新的活力。

2015 年 3 月,黄昌圭在世界移动通信大会(MWC)上对 5G 时代进行了展望,他认为,拥有飞快的速度、不断的流通性及庞

大容量的 5G 将成为新的商业模型，并引领生活创新。目前，黄昌圭正在为实现通过引领 5G 技术使韩国成为"移动强国"的目标而继续努力着。

韩国企业家 100人
100言

金正宙

Nexon 创始人

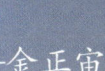

91

和才华相比，我更看重人品

——金正宙

2011年11月16日下午，韩国Nexon游戏公司创始人金正宙（现NXC公司总经理）在韩国科学技术院（KAIST）生物及脑工程学院以"技术风险"为题讲课时，向学生们逐一介绍了世界萨克斯管演奏家Kenny G的乐队成员，又播放了一段10分钟左右称赞他们的视频，随后向学生们提问道："看了这个视频后，请大家猜一下寿命较长的企业的特征。"

一名学生回答称"要保持成员之间的纽带感"，金正宙却摇了摇头解释道："20年前经营得风生水起的公司现在很多都消失无踪了。想要让企业走得长远，挑选能长久共事的员工是最重要的。"

金正宙将挑选员工看作Nexon成功的秘诀："如果从好人和有才能的人中选择其一的话，我认为好人是更值得长久共事的人。有才能的人完成了他的角色后，有的就会产生离开的想法。因此，判断一个人能否同我一起工作20年非常重要。"

1994年12月，时年26岁的金正宙同宋在京（现XLGAMES公司总经理）等共同创建了Nexon公司。经过两年多的开发，1996年4月，Nexon正式推出了以高句丽时代为背景、由可爱人

韩国企业家 100人 100言

物形象带出剧情的线上游戏《风之国》，并开始了收费服务。《风之国》于2011年被金氏世界纪录选为世界营运最久的绘图MMORPG，现在在韩国累计有1 800万会员数，2005年转为免费制后，同时在线人数最高达到13万。

1998年，金正宙在日本时看到了电子产品商场前顾客排成百米长龙的景象，后来才知道这些人是为了购买任天堂游戏机，这令他大为震惊。之后，金正宙同当时正在日本研修的崔胜友（音）（Nexon Japane公司前总经理）见面吃饭，并向他提议"一起把Nexon打造成超越任天堂的公司"。

2011年12月14日，Nexon Japane在游戏的故乡——日本上市。以2010年为基准，当时Nexon的销售额为1万亿韩元，纯利润3 100亿韩元，分别仅为任天堂的1/20及1/10。但在日本上市的Nexon的市价总额却达8万亿韩元，相当于任天堂的1/3。

Nexon从《风之国》起家,每年都会开发新的线上游戏,后又通过并购人气作品《冒险岛》等各类游戏不断发展壮大,目前已经成长为韩国最大的游戏公司。

韩国企业家 100人
100言

房俊赫

Netmarble 创始人

92

所有事业需聚焦全球市场

——房俊赫

"所有事业的焦点都放在全球市场上。进军海外也跌过不少跟头。但不管怎么说,海外事业必须要挺下去。"韩国著名游戏商 Netmarble 创始人房俊赫于 2015 年 7 月 15 日,在首尔市九老洞召开的战略发布会"NTP"(Netmarble Together with Press)上提到自己对成败与挑战的理解。

Netmarble 在 2015 年成为韩国第二家年销售额突破万亿韩元的游戏商。而房俊赫在 2000 年 3 月创建 Netmarble 游戏门户时,市面上有 50 多个竞争商家。由于当时融资困难,游戏新作上架也几度搁浅。房俊赫于是改变了事业方向,决定转为游戏发行商,成为韩国最早开展网络游戏发行业务的商家。首个产品——游戏《混乱冒险》(*Laghaim*)取得成功后,Netmarble 在业界打响了名气。

此后,房俊赫尝试在游戏 *Catch Mind* 和 *NOVA* 1942 中推进道具等局部收费。游戏玩家中有不少青少年,考虑到仍无有效付款方式,房俊赫便引入"文化商品券"的概念。回想起当年的各种挑战,房俊赫表示,不同于单纯的学校对抗赛,游戏发行、局部收费、认证整合、插件整合、同时在线人数突破 10 万人等历史性事件，都是我一直在尝试的做法。2000—2006 年，Netmarble 的事业战略可以概括为革新与挑战。

2004 年房俊赫向希杰集团卖掉了价值达 800 亿韩元的个人股份。房俊赫表示："企业需要有持久性，员工的社会地位需要提升，而我个人的力量也无法将 Netmarble 推向国际。需要向更大的企业学习经验。"

没有房俊赫的 Netmarble 在发展上遭遇了滑铁卢，2007—2011 年发布的游戏全军覆灭。虽然大企业的实力可以相信，但没考虑到与游戏产业链结合时会水土不服。2011 年 6 月，房俊赫再次回到公司工作，同年 11 月，希杰注资的游戏开发商 CJ GAMES 成立后，房俊赫立马将自身持有的希杰娱乐股份全数砸到该开发商上，成为最大股东。之后，房俊赫带领团队杀进手游市场，推出几款经典作品，引起业界高度关注。2014 年 3 月，房俊赫帮助 CJ GAMES 从腾讯获得 5 300 亿韩元的投资。当年希杰集团将旗下游戏事业部门拆掉，与 CJ GAMES 进行合并。CJ GAMES 由此改名为 Netmarble Games。

在将 Netmarble 卖给希杰集团十多年后,房俊赫再次夺回经营权。目前,这位游戏业界的神人已经将他的第二个挑战目标定位为海外市场。

韩国企业家 100人 100言

金亨珍

世宗集团会长

93

立即做，一定做，做到成功为止

——金亨珍

"立即做，一定做，做到成功为止。"世宗集团会长金亨珍经常对高管及其他员工这样说。如果想要做成什么事情，就一定不可以害怕变化和革新，要矢志不渝地为之努力。

在创造经济时代，为了获得成功，金亨珍强调要有解读市场趋势的能力、获取变化的竞争对手信息的能力、满足顾客需求的服务精神和技术能力以及优于过去的速度。

他说："我没有哪一个瞬间是觉得不难的。持续努力进行变化和革新，才能保障我们的生存权。比别人多工作两倍、多考虑两倍，快两倍完成目标，为保持竞争力持续努力，才能成为引领创造经济的人才。"

金亨珍到现在已经完成了两倍于常人的人生大转换。金亨珍1958年10月出生于全罗南道长兴，于1973年中学毕业后就进入事务所成为司法书士，作为法定公务员在登记处工作。后来，他进入明洞私债市场，刚过20岁就掀开了事业上的崭新一页。

时年24岁的金亨珍因比别人多做两倍的工作、多考虑两倍的问题、快两倍完成目标而闻名。在竞争激烈的明洞私债市场中，他耗费心血掌握了债券业务，身无分文的金亨珍就这样在证券业打响了名气。

1990 年，金亨珍创建了世宗集团的前身——弘承企业。1998 年以约 30 亿韩元收购了因国际货币基金组织外汇危机而陷入经营困难的东亚证券（现 NH 农协证券），从而在证券业崭露头角。将公司名字改为世宗集团后，金亨珍通过将电子交易手续费降到业界最低水平，赠送顾客昂贵的便携式终端机等营销战略，在短时间内就带领公司闯进业界前十。2005 年年底，世宗证券以约 1 103 亿韩元卖给了农协中央会。

金亨珍的下一个目标是进入与前段经历毫不相关的通信事业。2007 年，他收购了处于法定管理状态的 GnG networks 和世宗电讯。2011 年，收购了亏损的 Onse 电讯。很多人认为"金亨珍是在自取灭亡"，对他究竟能否在竞争激烈的通信业立足都心存疑问。

而金亨珍仅用了 5 年的时间就将公司扭亏为盈，交出了一份满意的成绩单。2015 年 4 月 1 日，综合法人"世宗电讯股份公司"面世。如今，它正在努力成为韩国第 4 大移动通信公司。

"放弃尝试才是最大的失败。"金亨珍强调,"在世界ICT市场上,后来居上的案例越来越多,仅靠基础设施项目的话,公司存在发展局限性。为了应对未来物联网时代的变化,世宗集团将加快速度变革。"

韩国企业家 100人 100言

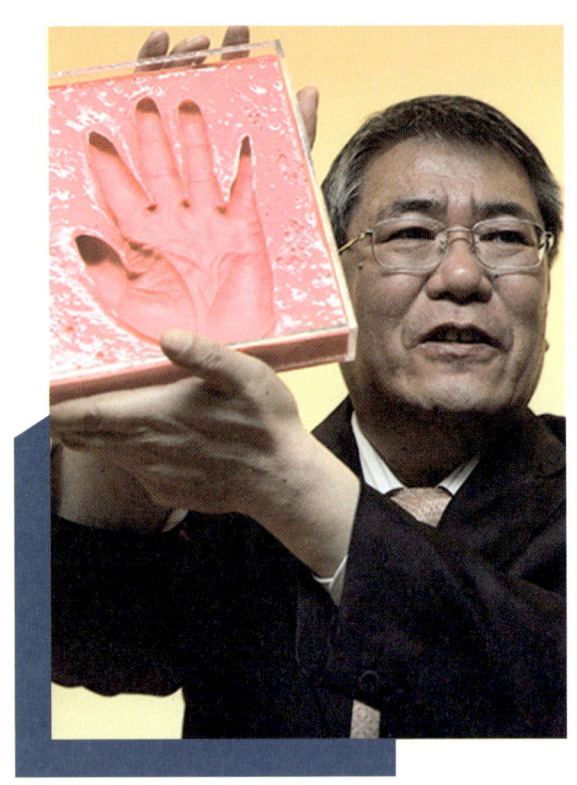

张平顺

教元集团创始人

94

99℃的水和100℃的水是不一样的
——张平顺

"99℃的水和100℃的水是不一样的。"这是韩国最大的教育集团——教元集团创始人张平顺常常向员工们强调的一句话。

张平顺说:"蒸汽机只有在水温达到100℃沸腾的时候才能产生动力,推动列车前进,但是99℃的水是无法带动火车前进的,我们做事业也是同样的道理,向顾客销售我们的产品,如果销售没有成功,就说明我们只是99℃的水。"

那么怎样才能把99℃的水加热到100℃呢?

"打动人心是关键。"张平顺给出了答案,"要用热情和诚意让顾客真正感受到我们产品的优秀并购买我们的产品。对于那些意志消沉想要放弃的员工,我们就应该用蒸汽机一样的热情去鼓励他们继续工作。"

作为教元集团的创始人,张平顺是白手起家的典范。他出生于忠清南道唐津市,是家里7个孩子中的长子,从小家境困难,直到5岁都和奶奶一起生活,长大之后家庭情况也没有太大的好转。

他从小深知,脱离贫困的唯一方法就是努力学习,用功读书。10年寒窗苦读之后他进入延世大学深造至研究生。作为家里的长子,他希望能够通过行政考试考取公务员来改善家庭情况,但考试结果却每每不尽如人意。

1979年，20岁的张平顺为了赚钱，拿着6万韩元（约人民币360元）的资本开始了艰难的创业。他首先选择倒卖白菜，当时市场上的商贩以进价10倍的价格将白菜卖给消费者，虽然利润空间大，但是却面临库存积压等诸多问题。张平顺在了解到这一情况之后准备采取薄利多销的营销模式：以原价5倍的价格将白菜售出，以此降低库存风险，增加销售量。虽然此后遇到了诸多困难，但一年之后张平顺还是获得了将近10亿韩元（约人民币600万元）的营业收入。

张平顺之后进入一家销售书籍、磁带的公司做了一名销售员。作为销售员的他经常会遇到在3个小时的推销之后客户仍然不买账的情况。于是他便通宵思考"为什么他们不愿意买我的产品"。在苦思冥想之后他改变了营销策略，采用"起承转合"的迂回式营销方法，这种方法立即奏效，一年之后他便成为公司销售业绩第一的销售职员。

尝到营销甜头的张平顺在1985年11月1日在仁寺洞开了一家自己的公司，命名为"中央教育研究院"（现"小红笔"前

94 99℃的水和100℃的水是不一样的——张平顺

身)。1986年2月,公司出版了专门针对初高中学生的"中央完全学习"系列练习册。教元集团以此为出发点,不断扩大经营项目和领域,之后在旅游产业和饮水机产业等领域也获得了成功,现已成为年销售额在2兆韩元(约人民币120亿元)的大型企业。

张平顺说:"我喜欢在销售现场聆听销售员和顾客之间的谈话,我会反复思考和研究他们说的每一句话。""有的想法在起初看起来很不错,但是在经历反复的思考之后,我们还是会发现这些想法的漏洞。找到这些漏洞的过程也是把好处与实惠带给员工和顾客的过程。"

"解决一个问题有时候需要一个月,有时候需要半年。"但是张平顺坚信,"只要经过反复缜密的思考,就会把失败的风险降到最低。"

韩国企业家 100人 100言

慎镛虎

教保人寿创始人

95

繁忙的人生是幸福的
——慎镛虎

教保人寿创始人慎镛虎（号大山）被称为"韩国保险产业活着的证人""世界保险人的老师"。他于1983年获得了国际保险学会颁发的"世界保险大奖"，1996年被载入世界保险名誉殿堂。

慎镛虎1917年出生于全罗南道灵岩郡，由于父亲和哥哥们参与独立运动，小时候的他过着被日军追捕的颠沛流离的生活，身体也十分虚弱，还因此错失了入学的机会。慎镛虎为了积累知识，选择了自己读书这条路。

当时慎镛虎印象最为深刻的书是《卡耐基传记》和《海伦·凯勒》。尤其是《卡耐基传记》，让他下定决心不就业而做生意，他想前往京城（现首尔），但是遭到了父母的反对。

1946年5月，近30岁的慎镛虎回到了祖国，他目睹了当时经济和社会上的混乱：国民生活贫困，社会上充斥着彷徨和矛盾、不安和失意。

在经过实地考察后，慎镛虎认识到在资源不足的祖国唯一能够发展下去的路就是"教育立国"，他要将人力发展为资源。1958年8月7日，慎镛虎在"振兴国民教育"和"形成民族资本"的理念指导下，建立了大韩教育保险（现教保人寿）。他说："若要发展，只能培养优秀人才资源，建立民族资本，构建起经济自立的基础。"

当时人们对保险的概念还停留在人寿保险上，但是慎镛虎将韩国人特有的对教育的热情和保险结合，推出了全球独一无二的"教育保险"产品。

教育保险和一般保险的不同之处在于：学龄期即可享受此前所缴纳的保险金带来的优惠。慎镛虎直接前往学校向家长们说明教育保险的目的。尽管在最初两年内出现了亏损，但是随着大韩教育保险在老师和学生中的口碑日盛，9年后终于成为业界排名第一的企业。

慎镛虎一直都想建一家比日本东京纪伊国屋书店更大的书店，1981年他在首尔光化门总部大楼地下一层建起了全球最大的书店——教保文库。

95 繁忙的人生是幸福的——慎镛虎

慎镛虎总是说:"繁忙的人生是幸福的,能够为这个社会留下一些东西。"就这样度过了忙碌一生的他于2003年与世长辞。

韩国企业家 100人
100言

丁太暎

现代财富副会长

96

创新的人追求不完美的创造，
完美的人无法创造新的东西

——丁太暎

"创新的人并不完美，却拥有追求不完美创造的热情。"

现代信用卡、现代 Capital 及现代 Commercial 的代表理事副会长丁太暎 2015 年 6 月在脸书（Facebook）上传的这段文字完整地展现出了他的经营理念。

丁太暎从一个崭新的角度来审视金融业。在他接管现代信用卡之前，信用卡公司的一贯理念都是"令用户多刷卡"，但丁太暎却通过其他信用卡公司和消费者都未曾想到的独特的广告、新颖的信用卡设计和营销、出色的品牌推广等创造了一个"可以使用信用卡的新环境"。

最具代表性的就是现代信用卡开创韩国先河，通过举办体育活动"现代信用卡超级对抗赛"，邀请海内外知名艺术家开办"超级演唱会"及展示会等进行文化营销。

在 2015 年发行的单行本《Inside 现代信用卡》一书中，丁太暎说道："我觉得我最有才能的部分就是眼光。不管去哪里，我都能'狡猾地'捕捉到信息，这也是一种才能。"

2003 年，丁太暎在岳父——现代汽车集团会长郑梦九的要求下接管现代信用卡和现代 Capital。当时，现代信用卡赤字规模高达 2 万亿韩元，谁都不愿意接收这个"烂摊子"，但丁太暎在赴任首日就表示"即使新接手的公司目前处于亏损，自己也很开心"。在他眼里，通过现代信用卡可以创造出无穷的机会。

同年 5 月，现代信用卡推出了"现代信用卡 M"，利用积分营销提供兑换积分服务。该信用卡问世仅一年，会员人数就突破了 100 万。截至目前，这个品种单一的信用卡已经有 800 余万人在使用。

在丁太暎的带领下，现代信用卡后来居上，风头日盛，但他本人却从没有说过要成为业界老大。他一贯认为，比业界第一更重要的是令现代信用卡的会员们享受到更多的利益，提高客户忠诚度。和不断扩大会员人数相比，现代信用卡更集中于管理优质顾客。

不少企业的 CEO 评价丁太暎的想法是二流战略。对此，丁太暎在脸书上回应道："我们'二等'的人不感兴趣的是最大的饭

96 创新的人追求不完美的创造，完美的人无法创造新的东西——丁太暎

店、最大的酒店、最宽的办公室，我们'二等'的人只喜欢最浪漫的饭店、最舒适的酒店、最适合工作的办公室，不论何时，我们都只做'二等'。"

韩国企业家 100人 100言

郑世永

现代产业开发名誉会长

97

我的车不会停下

——郑世永

"我想开发为了韩国大多数中产阶层而不是为了少数特权阶层的汽车款式。"设计出韩国首款本土汽车"Pony"的意大利著名设计师乔治·亚罗（Giorgetto Giugiaro）记得每当Pony项目遇到困难时，项目发起人、HDC现代产业开发名誉会长郑世永都会这么说。

郑世永是现代集团创始人郑周永的四弟，他于1928年出生在江原道通川。从高丽大学毕业后，郑世永进入现代建设，1967年现代汽车成立，他也成为社长，开始了32年的汽车人生。

现代汽车在1972年做出赌上公司命运的决定：宣布与从成立起便进行技术合作的福特结束合作，自主开发汽车款式。

推进这一项目的正是郑世永。郑世永认为，与跨国汽车企业合作进行组装生产的话，收益也好，风险度也低，但是却无法摆脱跨国企业的控制，更不可能开发自主款式。而现代汽车不仅想在国内市场发展，更希望出口，因此这并不是一个理想的状态。

"不管是倒闭还是生存，一定要开发自主款式，只有这样才能出口。一定要开发！"下定决心的郑世永这样告诉哥哥，而郑周永给予了他极大的支持。

其他工作人员却强烈反对:"我们连福特 Cortina 的组装图都无法完全复制,这样的实力是无法开发自主款式的。"但是郑世永则坚持道:"如果不开发自主款式,我们会灭亡,反对的人就在旁边看着吧。"

郑世永将这一左右着现代汽车未来项目的设计交给了当时开始在欧洲崭露头角的设计师乔治·亚罗。

郑世永从当时只有 30 多岁的乔治·亚罗身上看到了他领先时代的才能。韩国当时的人均国民收入仅为 500 美元,郑世永向乔治·亚罗支付了 120 万美元巨款,但同时他要求让 10 名韩国设计师参与到设计中,让他们学会技术。

郑世永的挑战精神使韩国首款自主开发汽车 Pony 在 1974 年诞生。这款汽车的诞生让全球汽车行业都吃了一惊。

上市初期 Pony 的价格为 228 万韩元,尽管价格相当于一套位于郊区的公寓,但仍旧引发了韩国内需市场的巨大反响,击败了曾经风靡一时的起亚汽车 Brisa。

97 我的车不会停下——郑世永

当然郑世永并未满足于此,他加快了出口海外的步伐。Pony在海外同样收获了巨大的人气,海外汽车业界开始称呼郑世永为"Pony 郑"。

1987年郑世永担任现代汽车会长,他强调:"品质就是诚意,如果在品质上能够成为第一,那么就会是全世界最好的车。"现代汽车开始了自主开发引擎,并坚持走进入海外市场的路线。

郑世永认为,在恶劣的环境中能够让现代汽车发展为得到全球认可的汽车公司是最具意义的事。1999年他离开现代汽车,在现代产业开发任职。

郑世永在2015年5月21日与世长辞,他在去世前留下这样一句话:"回想起来是一段可以说短也可以说长的路,即使说走这条路太过狷直的话,那么以后我也会一直走下去,一同走在这条路上的我的车也不会停下。"

韩国企业家 100人
100言

李载浚

大林集团创始人

98

竞争力源于市场竞争

——李载浚

20世纪90年代初,由大林产业和油公会社(现在的SK株式会社)掌控的韩国石油化学市场上涌现出多家大林集团子公司。

负责大林产业石油化学事业的经营团队,向大林集团创始人李载浚(号修严)报告称,因为这些企业的参与,竞争将变得更激烈,翌年事业前景将变得极不透明。李载浚的反应让人感到意外,他并没有当即做出特别指示,而是表示无须过度担心,并告知高层这么一个典故:"日本侵占时期,儿岭站曾设有一家劳务公司,但在某一天消失了,应该说是倒闭了。当时汉城(现在的首尔)仅有这一家劳务公司,为什么会倒闭呢?是因为没有竞争,它才会自生自灭。"

李载浚还举了个例子:"看看东大门市场和南大门市场,聚集有许多服装公司,想必存在着激烈的生存竞争。但因为竞争过热而倒闭的公司却没有几家,反倒生意越做越好。秘诀就在于它们都聚集在一个地方相互竞争,通过竞争来提升竞争力。比如说哪个山沟里有一家孤零零的公司,会有竞争力吗?肯定走不长。企业经营的核心就在于竞争,有了竞争,企业才会变得更好。"

韩国企业家 100人 100言

李载浚并未因竞争过于激烈而气馁，反倒相信这是个提升竞争力的绝好机会。在激烈的竞争环境中脱颖而出的企业将拥有更为强大的竞争力，而逃避竞争的企业将面临淘汰危机。

没过多久，经营团队就证实了李载浚的这番话。大林产业方石油化学事业部因竞争公司的加入，进一步强调了体制改善和匠人精神的重要性，从而加紧了创新步伐，由此成为韩国石油化学产业的领头羊。

1917年出生的李载浚于1939年利用民间资本创立了富林商会，开始从事木材和建筑材料的流通工作。韩国光复后，李载浚将公司名字改为大林产业，正式进军建筑业。朝鲜战争过后，大林产业以综合建筑商的企业形象在建筑业创造了辉煌，迎来爆发式增长。

作为韩国首家打入泰国、越南等海外建筑工程的企业，大林产业还承担了京釜高速公路修建与清溪川覆盖工程等国家大项目。1960年以后，大林产业名正言顺地成为韩国第一大建筑商。

98 竞争力源于市场竞争——李载浚

李载浚1968年设立大林窑业株式会社，1974年设立大林工程，1994年设立大林集团等，并于1977年设立大林工业株式会社（现在的大林汽车株式会社），1979年还收购了湖南乙烯株式会社等，凸显出大企业集团的作风。

坚持走建筑一条路并负责公司内部经营的李载浚时常强调节约的重要性，强调"丰年不足，荒年有余"原则。而李载浚离开经营前线后，也坚持早上七点半上班，印证了大林集团的企业训言——勤勉，诚实。

韩国企业家 100人 100言

郑梦奎

现代产业开发董事长

全力打造一家顶级公司

——郑梦奎

"对我来说,最重要的事情就是打造一家顶级公司。"韩国现代产业开发董事长郑梦奎在被问及"公司经营和足球哪一个更为重要"时,做了上述回复。

郑梦奎毕业于英国牛津大学,出身于韩国声名显赫的现代集团郑氏家族,其父郑世永是现代集团创始人郑周永的弟弟。1996—1999年,郑梦奎任现代汽车会长(董事长)。1999年3月,在郑周永干预下,郑梦奎与作为现代汽车名誉会长的父亲郑世永突然退出现代汽车,郑梦九独揽现代汽车的大权。

此后,从现代企业集团相继分离出现代产业开发集团、现代汽车集团(郑梦九掌控)、现代重工业集团(郑梦准掌控)等,郑梦奎执掌现代产业开发集团,在建设、流通、体育等领域发展成长,并通过英昌乐器发展文化事业。

现代产业开发集团是1999年从现代集团中分离出的企业,已发展成为一家以建筑业为主的综合性集团,秉承"以变化与革新实现新的飞跃与成长"的经营理念。

可以说,郑梦奎的企业人生中伴随着足球的影子。郑梦奎曾担任过韩国K联赛蔚山现代(1994—1996年)、全北现代

韩国企业家 100人 100言

（1997—1999年）俱乐部总经理。1997年，他创建全北现代，并雄心勃勃力争在2000年、2001年赛季至少夺得一个冠军。但可惜的是，现代集团内部的人士调整，使郑梦奎接管了以建筑业为主的现代产业开发公司，该公司并不经营足球俱乐部。

不过，郑梦奎在2000年2月以200亿韩元收购了釜山大宇足球队，改组成釜山偶像足球队，又担任釜山偶像俱乐部总经理。他从2011年1月开始担任韩国K联赛职业联盟主席之后就因大刀阔斧地处理韩国足坛暴露出的赌球案而广受关注。另外，韩国相关体育协会当中足坛的经费最多。同时在他的积极建议下，韩国K联赛实现了球队升降级，他本人也成为从业时间最长的足球职业经理人。

郑梦奎说，足球是人生的缩小版。为了一场比赛要投入许多热情和汗水。在比赛过程中不惧困难和挑战，相信团队，齐心合力，克服所有难关，才可能取得胜利。我认为这和人生没什么两样。未来不是用来期待的，而是需要去挑战和开拓。这样的道理和原则被郑梦奎原封不动地搬到了企业经营上。

  2015年1月，郑梦奎宣布进军免税店市场。他计划在2020年前将其所管理的现代"I'park"商厦打造为国际购物中心。

韩国企业家 100人
100言

许明秀

GS 建设公司副董事长

100

技术无法独立即沦为"三明治"

——许明秀

"没有独创的技术,就难以获得国际市场的肯定。"韩国GS建设公司副董事长许明秀常这样强调,他认为建筑行业无论是在国内市场还是在海外市场,一定要争取技术独立。没有自创核心技术的话,将成为发达国家和东南亚建筑商之间的"三明治"。

GS建设公司(GS Engineering & Construction Corp)的前身是LG集团的子公司。2005年年初,LG集团以选择和集中、强调专业发展的策略,将GS建设公司分离出来。分离后的GS建设公司,专业化优势体现得尤为明显。此后的几年,公司一直位于全球承包商排名前50强,如今是韩国第二大建筑承包商。

GS建设公司自成立起便拥有天然的优势,同时又有着致命的劣势。它是韩国四大财团之一——LG集团的旗下子公司,天生拥有强大的政府背景和雄厚的资金实力。而同样因为诞生于财团之下,多元化的产品线让GS建设公司走向顶尖承包商的道路变得更为艰难,又因韩国国土狭小,极大限制了国内工程承包商的成长。在经过几十年的摸爬滚打后,GS建设公司终于找到了属于自己的发展之路。

　　GS 建设公司一直将技术发展作为公司进步的源头。20 世纪 80 年代，公司投入大量资本用于技术研发，终于摆脱以廉价劳动力打天下的局面，施工技术获得客户的广泛认可，升级为技术密集型企业。2005 年后，专注于建筑工程领域的 GS 建设公司，又将技术定位为世界级的先进技术，为客户创造最佳的价值，以先进技术作为公司与其他全球承包商形成差异化的竞争优势，同时继续提升低碳、绿色产业等新的经济增长点。

　　许明秀坚信技术源于人才，并一直注重技术人员的培养。"拥有创新意识和技术实力的年轻职员和经验丰富的老员工，这两代人是会出现协同效应还是会有不和之音，将决定公司的未来，必须要找到他们之间的沟通渠道。"

许明秀表示:"我们曾因获得一笔史上最大金额的工程订单而备受鼓舞,但让我最感动的是,韩国的企业和技术在世界上得到了认可。"